AVA

"SPRITZTOUREN" IM ALLGÄU

VON

DIETER BUCK

ZAUBERHAFTE WANDERUNGEN AM UND ZUM WASSER –
MIT GENAUEN BESCHREIBUNGEN, FARBIGEN KARTENAUSSCHNITTEN,
ANGABEN ZUR STRECKENBESCHAFFENHEIT UND VIELES MEHR.

AVA VERLAG ALLGÄU ▸ POSTFACH 31 53 ▸ 87440 KEMPTEN/ALLGÄU

IMPRESSUM

Verlag: AVA-Verlag Allgäu GmbH
Porschestraße 2
87435 Kempten/Allgäu
Tel.: 0831/57142-0
Fax: 0831/79008

Grafik & Layout: K+K Marketing Agentur GbR
Heisinger Str. 17
87437 Kempten/Allgäu
Tel.: 0831/5750-381
Fax: 0831/5750-384

Text: Dieter Buck

Kartengrundlage: Wurden ausschließlich aus Wander- und Radkarten entnommen, die im AVA-Verlag Allgäu GmbH, Kempten erhältlich sind.

Titelbild klein: Bruckmeier

Druck: KKW-Druck GmbH
Heisinger Str. 17
87437 Kempten/Allgäu

ISBN-Nr.: 3-936208-39-5

INHALTSVERZEICHNIS

1

ALATSEE

Alatsee (865 m)

Volumen	max. Tiefe	max. Länge	mittlere Breite	Oberfläche	Umfang	Einzugsgebiet	Wassererneuerung
1,84 hm^3	32,1 m	0,57 km	0,21 km	12 ha	1,44 km	0,57 km^2	1059 Tage

Zeit: Rund 2 Std., Salober Alpe zusätzlich etwa 1 Std.

Höhenunterschied: Unwesentlich, ab Alatsee zur Salober Alpe etwa 220 m.

Länge: Ohne Salober Alpe etwa 7 km.

Sonstiges: Ganzjährig möglich. Ein Teil der Tour verläuft auf asphaltiertem Sträßchen, der andere auf guten Waldwegen. Man kann aber auch die Zufahrt zum Alatsee zwischen Füssen und Weißensee benutzen und die Wanderung vom Alatsee aus unternehmen. Wenn man zur Salober Alpe aufsteigen will, sollte man Ausweispapiere mit sich führen, da man die Grenze überschreitet.

Bademöglichkeit: In den Freibädern.

Karte: 1:30 000, Zumstein Wanderkarte Nr. 1 Füssen.

„Ein angenehmer Ausflug läßt sich von Faulenbach nach dem nahen Alatsee machen. Träumerische Ruhe umgibt die Ufer dieses einsam gelegenen Sees; nur das Echo, wenn es geweckt wird, tönt vielstimmig von Wald und Bergeshang zurück."

Josef Buck, 1856

Einer der idyllischsten Seen des an solchen Gewässern nicht gerade armen Ostallgäus ist der Alatsee. Er liegt, gleich einem stillen Auge Gottes, verträumt und ganz eingesponnen in Wald und Berge auf dem Salober, jenem Bergmassiv, das von Füssen bis Pfronten reicht und vom Vilstal im Süden und vom romantischen Weißensee im Norden begrenzt ist. Der See zählt zu den verwunschensten und geheimnisvollsten Gewässern im Allgäu und er besitzt ein klares Wasser, das in fast unergründliche Tiefen reicht.

Im Alatsee befindet sich in etwa zwanzig Meter Tiefe eine dicke Schwefelschicht, ein violettfarbener bis tiefschwarzer Schleier, der schon mehreren Forschern zum Verhängnis wurde. Hier bewegen sich Taucher wie in Tinte, d. h., sie sehen nichts, sie haben ein verwirrtes Schweregefühl und wissen nicht, in welche Richtung sie schwimmen. Dazu herrscht hier ein schier unerträglicher Schwefelgeruch. Dies kommt von den so genannten Purpurbakterien.

Unter der Schwefelschicht geht es weiter in die Tiefe, von der bis jetzt siebzig Meter bekannt sind. Der Untergrund des Sees erinnert an eine Sanduhr: Der Seegrund fällt allmählich ab bis auf eine Tiefe von 32 Metern, dann befindet sich im Boden eine Art „Loch", unter dem der Untergrund wieder zurückweicht und eine riesige Seehöhle bildet, die sogar weit über das Ufer hinaus reicht und bis unter den Berg geht.

Vor dem Zweiten Weltkrieg war der Bereich des Alatsees von den national-

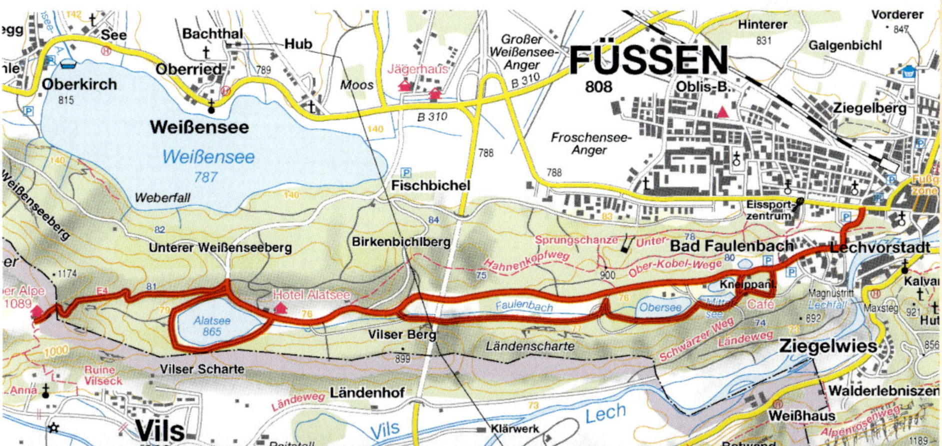

Tour 1 – Alatsee

sozialistischen Machthabern zum Sperrgebiet erklärt worden und man sagt sogar, dass hier geheime Ein-Mann-U-Boote zum Einsatz kamen. Ziel soll die Installation von Abschussrampen für Großraketen im See gewesen sein. Auch der berühmte Forscher Wernher von Braun wurde während des Krieges öfters in der Gegend des Sees gesehen. Der See hatte aber für die spiritistisch angehauchte SS-Elite des Nazireiches noch eine andere Funktion, denn sie wollte unbedingt seinen Geheimnissen auf die Spur kommen. Sie vor allem bedienten sich wohl der kleinen U-Boote.

Der See und das gewässerreiche Faulenbacher Tal sind durch Auslaugen von Gips und Anhydrit in den Raibler Schichten entstanden, auf die auch die Faulenbacher Schwefelquellen zurückgehen. Im Faulenbacher Tal befanden sich früher Gipsbrüche und auch die anderen Seen sollen auf ausgelaugte Gipslager zurückgehen, wie man auch an den Seenamen Gipsloch bzw. -weiher sieht.

„Dann streicht der waldbedeckte Kamm nach Osten und fällt zuletzt rasch ab zu einem Kessel, in den der kleine Alatsee eingebettet ist –, ein klares, waldumsäumtes Bergwasser. Vielbesucht ist das hübsche, der reizenden Landschaft glücklich angepaßte Wirtshaus …"

Max Förderreuther, 1929

Heute liegen vier Seen in dem Tal; ist man im Sommer unterwegs, kann man sich in den Freibädern Obersee und Mittersee abkühlen. Im Herbst beeindrucken die goldgelb leuchtenden Gräser der moorigen Wiesen.

Die beschriebene Wanderung kann aber zu jeder Jahreszeit und jedem Wetter empfohlen werden – spaziert man einmal an einem regnerischen Tag das Tal entlang, staunt man, wie viele Leute hier unterwegs sind. Wenn man möchte, kann man anschließend von Bad Faulenbach noch einen kurzen Abstecher zum Lechfall machen (siehe Nr. 27).

Ausgangspunkt: Bad Faulenbach.

Wegverlauf:

Man kann entweder von Füssen aus nach Bad Faulenbach hoch wandern oder mit dem Auto – durch das beeindruckende Felsentor – bis zum Parkplatz vor den Bädern, dem letzten Parkplatz vor dem Landschaftsschutzgebiet, fahren; ab hier ist das Tal Anliegern, Fußgängern und Radfahrern vorbehalten.

Wer an diesem letzten Parkplatz von Bad Faulenbach die Wanderung beginnt, geht von ihm aus einige Schritte zurück, bis rechts der Straße die Häuser stehen. Am Weg davor (Fischhausweg) gehen wir nach rechts auf die andere Talseite und wandern ab

hier das Tal aufwärts, immer auf der linken Talseite. Oder man geht vom Parkplatz einige Schritte taleinwärts, vorbei am Gipsloch genannten Weiher, und biegt dahinter nach links ab. Vorbei am Gipsweiher und zwischen Mitter- und Obersee kommen wir auf die andere Talseite, wo wir uns rechts halten.
Wir kommen am Mitter- und am Obersee mit den beiden Freibädern vorbei und passieren auch einige Trimmdich-Stationen. Auch am Abwasserteich bleiben wir links und stehen kurz darauf schon am Alatsee. Ihn umwandernd kommen wir zu dem Abzweig, wo ein Weg zur Salober Alpe führt.
Er steigt zwar steil an, ein Abstecher zu diesem sich schon in Tirol befindlichen Gasthof lohnt sich aber.

Den Rückweg ab dem Alatsee nehmen wir auf dem Sträßchen.

Wieder in Bad Faulenbach angelangt, können wir noch einen Abstecher zum Lechfall machen.
Wir gehen dazu vom Parkplatz aus auf dem Sträßchen zurück bis dahin, wo die Straße vom Parkplatz Morisse hochkommt, hier biegen wir vor der kleinen Kapelle nach rechts ab und sind bald am Lechfall. Zurück gehen wir denselben Weg.

Der verträumte Alatsee

2 ALPSEE

Alpsee (814 m) – Pöllatschlucht

Volumen	max. Tiefe	max. Länge	mittlere Breite	Oberfläche	Umfang	Einzugsgebiet	Wassererneuerung
24,51 hm^3	62 m	1,9 km	0,46 km	88 ha	4,7 km	5,55 km^2	1898 Tage

Zeit: Rund 2–3 Std., je nachdem.

Höhenunterschied: Rund 250 m, je nachdem.

Länge: Rund 9–10 km, je nachdem.

Sonstiges: Im Prinzip leichte Wanderung, gutes Schuhwerk ist dennoch angesagt, denn die verschiedenen hölzernen Stege und Brücken sowie die Wurzeln können rutschig sein. Außer im Winter bei hoher Schneelage ganzjährig möglich. Besonders beeindruckend ist die Tour auch bei nebligem und regnerischem Wetter, wenn man wirklich allein ist und auch die Alpenmolche, die dann herauskommen, beobachten kann. Wer früh aufbricht, hat die Möglichkeit, eine Besichtigung des Schlosses Neuschwanstein einzuplanen, allerdings ist dann zu beachten, dass man sich die Eintrittskarten bereits am Parkplatz besorgen muss.

Bademöglichkeit: Strandbad Alpsee.

Karte: 1:30 000, Zumstein Wanderkarte Nr. 1 Füssen.

Literatur: Wissenswertes über die Schlösser Hohenschwangau und Neuschwanstein erfährt man in: Dieter Buck: Burgen und Ruinen im Allgäu, Stuttgart, 2002.

Seen mit dem Namen Alpsee kommen in den Alpen mehrfach vor – im Allgäu beispielsweise gibt es noch den Großen und den Kleinen Alpsee bei Bühl (siehe Nr. 11). Der hier beschriebene Alpsee bei Schwangau erreicht eine Tiefe von 59 Metern, ist 1800 Meter lang und 800 Meter breit. Er liegt recht idyllisch inmitten der Bergwelt und ist von Wäldern umgeben – trotzdem aber findet man an seinem Ufer eine Badeanstalt. Aber nicht nur der See ist schön – bei einer Umrundung sieht man in der Umgebung noch weitere Sehenswürdigkeiten. Beachten sollte man auf jeden Fall den so genannten Israelit, eine mächtige Felsformation, die Marienbuche und das Marienmonument.

Tour 2 – Alpsee

Alpsee (814 m) – Pöllatschlucht

Entstanden ist der See in den Eiszeiten, als er bis zu sechzig Meter tief ausgeschürft wurde. Interessant ist auch die Flora in seiner Umgebung. Da er auf kalkigem Untergrund liegt und auch die kühlen und feuchten Bergwälder eine besondere Pflanzenwelt hervorbringen, wachsen hier unter anderem Teufelskralle, Glockenblume, Quirlblättriger Weißwurz, Alpen-Waldrebe, Zweiblütiges Veilchen, Weiße Segge, verschiedene Farnarten und Strahlensame. Am Kitzstein, einem Felsmassiv aus Wettersteinkalk, findet man beispielsweise Rote Schneeheide, Behaarte Alpenrose und Alpen-Heckenrose. Am verlandeten Westende des Sees wachsen Schilf, Seggen und Tannenwedel und in den nordwestlichen Bereichen kann man noch wenige Exemplare der blaublütigen Sibirischen Schwertlilie finden. In den Felswänden leben kalkliebende Pflanzen wie beispielsweise als botanische Kostbarkeit die Strauchige Kronwicke, ein gelbblühender Schmetterlingsblütler, den man sonst nur noch in den Südalpen findet, außerdem Rotes Waldvögelein, Türkenbund, Ästige Graslilie, Buchs-Kreuzblume, Maiglöckchen, Laserkraut, Echter Salomonsiegel, Mücken- und Wohlriechende Händelwurz, Dunkle Akelei und Berg-Flockenblume. Interessant ist auch der Pindar-Platz, an dem Föhren, Felsenbirne und Mehlbeeren wachsen.

Über dem Alpsee türmen sich Säuling und Pilgerschrofen, die die gigantische Bergwelt, jenseits von Idylle und Romantik, manifestieren. Der See war nicht nur einmal Mittelpunkt oder Kulisse für den nahen königlichen Hof, und Lohengrins „Nun sei bedankt, mein lieber Schwan" kommt einem in den Sinn, wenn man an die Geburtstagsüberraschung denkt, die Richard Wagner mit einer Nachenfahrt über den See für König Ludwig II. bereitete. Außer dem Alpsee wird bei der hier vorgeschlagenen Tour die 92 Meter hohe Marienbrücke aufgesucht. Von ihr aus hat man nicht nur einen prächtigen Blick auf das Schloss, sondern auch in die Pöllatschlucht, eine der sehenswertesten Schluchten im Ostallgäu.

„Von den Schloßruinen steigt man gewöhnlich zum Böllatwasserfalle hinab, der von hoher Felsenwand schäumend in die Tiefe stürzt; daneben schwebt in schwindelnder Höhe die Marienbrücke. Der Rückweg wird am besten durch eine enge Felsschlucht hinab, über die Gypsmühle genommen."

Josef Buck, 1856

Ein alter „Rother"-Führer beschreibt den Weg durch die Pöllatschlucht zum Schloss Neuschwanstein mit den folgenden schwärmerischen Worten: „Zweifellos der romantischste Weg zur Gralsburg. Am schönsten etliche Stun-

den nach einem Gewitterguss, wenn sich die Pöllat recht wild gebärdet". Auch wenn wir die Schlucht von der anderen Seite aus begehen, beeindruckend ist der tollkühn am Fels befestigte Weg auf jeden Fall und der Bach strudelt und sprudelt munter und lustig zwischen Felsenbrocken dahin, ja an manchen Stellen braust es sogar gewaltig! In der von der Pöllat ausgeschliffenen Klamm sieht man tiefe Gumpen, riesige, vom Wasser glatt geschliffene Felsblöcke und den 45 Meter hohen Wasserfall. Das ganze Tal steht zu Recht unter Naturschutz, wobei man die schönsten Szenerien am Ausgang sieht.

Ausgangspunkt:
Parkplatz Neuschwanstein.

Wegverlauf:
Erst müssen wir uns entscheiden, ob wir diese Wanderung mit einem Besuch des Schlosses Neuschwanstein verbinden wollen. Wenn ja, sollten wir dies zuerst machen, denn früh sind die Warteschlangen am Eingang vielleicht noch nicht so lang und man ist auch noch aufnahmefähig für die beeindru-

Schloss Neuschwanstein

ckenden Schätze, die man innen zu sehen bekommt. Zu beachten ist, dass man sich die Eintrittskarte bereits unten am Parkplatz besorgen muss!

Vom Parkplatz aus gibt es verschiedene Möglichkeiten, nach oben zum Schloss oder zum Ausgangspunkt der Tour zu gelangen – entweder folgt man der Beschilderung und wandert auf einem der verschiedenen Wege hoch, oder man fährt mit der Pferdekutsche oder dem zur Bleckenau fahrenden Bus bis zur Marienbrücke. Macht man dies und will das Schloss besichtigen, so geht es von der Haltestelle aus hinab zum Schlosseingang.

Nach dem Schlossbesuch sollten wir zur Marienbrücke gehen und von hier aus den berühmten Blick in die Pöllatschlucht und natürlich auf das Schloss Neuschwanstein werfen. Unterwegs kommen wir am Aussichtpunkt Jugend vorbei, der uns einen herrlichen Blick auf die Allgäuer und Tannheimer Bergwelt, die Seen, Füssen, das Voralpenland und den Wald bietet.

Wer will, stattet von hier aus der Pöllatschlucht einen kurzen Besuch ab. Dazu gehen wir von der Brücke wieder etwas hinab in Richtung Schloss und halten uns am Abzweig rechts. Es geht, teilweise auf Stufen, erst steil hinab zu einem Aussichtspunkt direkt gegenüber des Wasserfalls. Später spazieren wir auf einem Waldweg weiter und schließlich kommen wir zu einem kühn in den Fels geschraubten Steg. Wir gehen, so lange wir Lust haben, anschließend kehren wir wieder zurück zu dem Sträßchen unterhalb der Marienbrücke, wo wir mit der „richtigen" Wanderung beginnen. Hierzu biegen wir – noch vor der Ampel – in den nach links führenden Weg mit der Bezeichnung „Zum oberen Winterzugweg 39" ein. An der scharfen Linkskurve verlassen wir ihn nach rechts und wandern nun auf einem fast alpinen Steig mit leichtem bergauf/bergab weiter. Der Obere Winterzugweg berührt kurz die Straße, zieht dann aber wieder weg von ihr. Beim Weiterwandern haben wir immer wieder eine prächtige Aussicht auf den Alpsee und das Schloss Hohenschwangau, die von den Bergen im Hintergrund eingerahmt werden.

Nach einiger Zeit erreichen wir die Marienbuche. Hier steigen wir im Alpseekessel hinab zum See, bewundern aber vorher noch den Israeliten, eine mächtige Felsformation. Am See können wir eine Rast im Freibad einlegen und uns in die „Fluten" stürzen. Danach wandern wir nach links, immer am See entlang bis zum Marienmonument, das zum Gedenken an die Königinmutter Marie errichtet wurde. Ab hier geht es nach rechts entlang des Alpseeufers, z. T. auf hölzernen Stegen über dem See, weiter, zurück zum Ausgangspunkt.

Blick auf den Alpsee

3

ATTLESEE

Attlesee (874 m) – Kögelweiher (889 m) – Schweinegger Weiher (929 m)

❶ ❷ ❸

	Volumen	max. Tiefe	max. Länge	mittlere Breite	Oberfläche	Umfang	Einzugsgebiet	Wassererneuerung
①	0,29 hm^3	9 m	0,44 km	0,24 km	10,41 ha	1,25 km	1,6 km^2	69 Tage
②	0,162 hm^3	4 m	0,46 km	0,19 km	8,75 ha	1,18 km	0,63 km^2	
③	0,12 hm^3	3,5 m	0,46 km	0,13 km	6,05 ha	1,28 km	0,34 km^2	

Zeit: Rund 3 Std.

Höhenunterschied: Rund 100 m.

Länge: Rund 10 km.

Sonstiges: Die Wanderung verläuft zu großen Teilen auf befestigten oder asphaltierten Wegen und Sträßchen. Anschließend empfiehlt sich ein Besuch der Burgen Eisenberg und Hohenfreyberg. Wer noch etwas wandern will, hält auf dem kleinen Parkplatz kurz vor Zell und steigt von hier aus hinauf, wer es bequemer haben möchte, fährt in Zell beim Burgenmuseum mit dem Auto bis zur Schlossbergalpe und spaziert von hier aus in wenigen Minuten zu den beiden Ruinen.

Bademöglichkeit: Attlesee.

Karte: 1:30 000, Zumstein Wanderkarte Nr. 1 Füssen.

Literatur:

Zur Schlossbergalpe: Dr. Dieter Nowotny: Wanderungen zu Allgäuer Alphütten. Kempten. Über die Burgen: Dieter Buck: Burgen und Ruinen im Allgäu, Stuttgart, 2002.

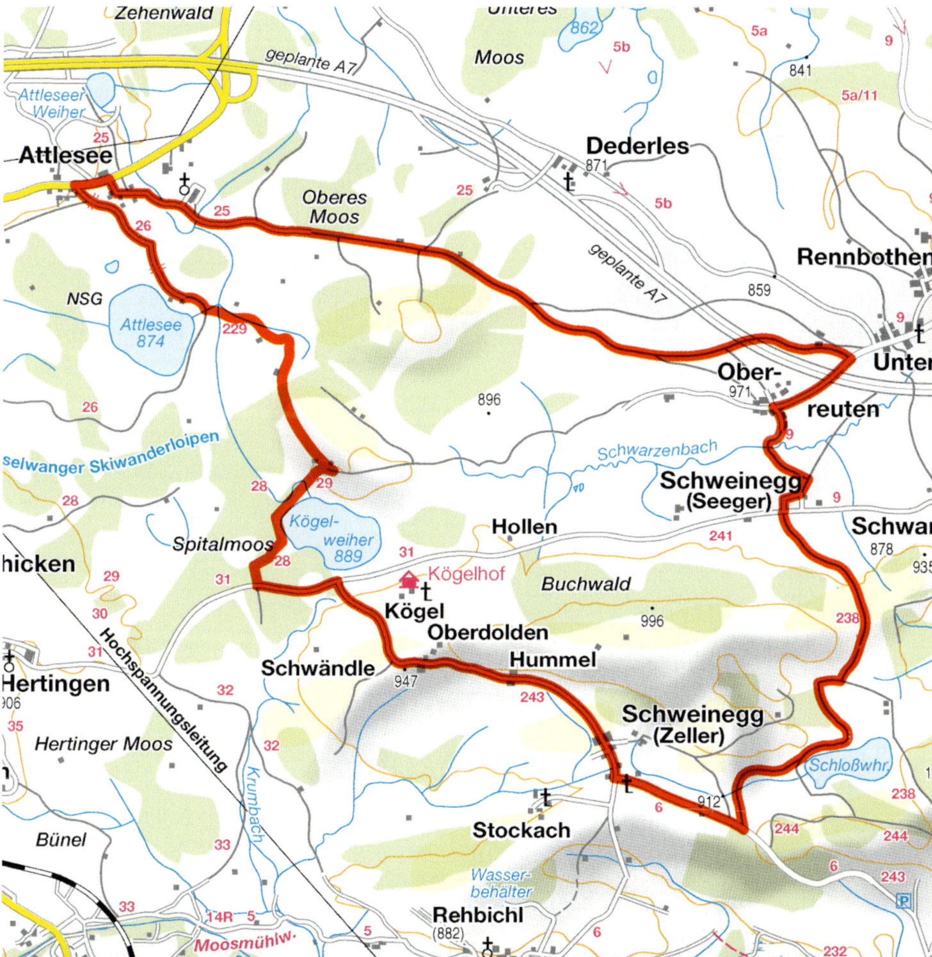

3 ATTLESEE

Attlesee (874 m) – Kögelweiher (889 m) – Schweinegger Weiher (929 m)

Diese Wanderung führt uns zu drei der vielen Seen im Ostallgäu. Jeder von ihnen weist einen anderen Charakter auf. Der Schweinegger Weiher zu Füßen der beiden Burgen Eisenberg und Hohenfreyberg ist mit seinem Schilfgürtel und dem Burghügel dahinter recht lieblich, ebenso der Attlesee, in dem man sogar baden kann. Recht streng und ernst wirkt mit seiner Umrahmung aus dunklen Tannen der Kögelweiher.

Ausgangspunkt:
Parkplatz zwischen Zell und Schweinegg.

Wegverlauf:
Wenn man von Zell aus nach Westen nach (Zeller) Schweinegg fährt, findet man im und gleich nach dem Wäldchen eine Parkmöglichkeit.
Nach dem Waldstück nehmen wir den nach rechts abgehenden Weg, der nach oben zieht und uns zum Schweinegger Weiher bringt. Wir gehen etwas an seiner Nordseite entlang, der Weg zieht dann nach links und anschließend nach rechts.
Wo er sich teilt, nehmen wir den nach links abgehenden Weg in Richtung „(Seeger) Schweinegg".
In diesem Weiler geht der Weg rechts von dem Gehöft, auf das wir stoßen, weiter, erst hinab, dann wieder hinauf nach Oberreuten. Hier halten wir uns auf dem Sträßchen rechts nach Unterreuten. Nun haben wir zwei Möglichkeiten.
Wir können am Ortsanfang nach links abbiegen bis Dederles und uns dort links halten in Richtung „Attlesee". Oder wir nehmen den Feldweg, der vor dem Ort zwischen der Scheune und dem freistehenden Gehöft durchzieht. Auch er bringt uns zu dem Weg, der von Dederles nach Attlesee führt.
Im Ort Attlesee müssen wir bis zur Straße gehen, hier halten wir uns kurz links, dann nach rechts und spazieren hinab zum Attlesee. Kurz nach dem Badeplatz müssen wir nach links abbiegen in Richtung „Kögelweiher". Vor dem Kögelweiher biegen wir an der Verzweigung nach rechts ab und gehen durch den Wald bis zur Straße. Hier orientieren wir uns kurz links, dann nach rechts.
Auf asphaltierter Straße steigt es nun an nach Oberdolden, danach geht es über Hummel und (Zeller) Schweinegg zurück. Nach dieser Ansiedlung spazieren wir auf der Straße nach links zurück zum Ausgangspunkt.

Im Attlesee kann auch gebadet werden

4 BREITACHKLAMM

„Eine der schönsten Klammen im Allgäu, ja sogar im gesamten Alpenbereich, ist sicherlich die Breitachklamm. Den Besucher erwarten muschelförmig ausgewaschene Felswände, Wasserfälle, mächtige, haushohe Felsblöcke, Steinmaterial, das in Erdrutschen herabgebrochen ist, fast urweltartige Eindrücke, riesige, senkrechte Felswände und sprudelndes, spritzendes Wasser, weiß vor Gischt. Hochwassermarkierungen zeigen, wie hoch die Breitach in ihrer Schlucht schon gestanden ist.

„Breitachklamm, nicht zu versäumen! Die im Sommer 1905 eröffnete Klamm stellt sich an Großartigkeit den bedeutendsten Klammen der Alpen würdig an die Seite."

Eugen Waltenberger, 1922

Eigentlich wäre zu den oben genannten Zitaten nichts mehr hinzuzufügen, sie drücken alles aus und beschreiben alles, was einen beim Besuch dieser vielleicht berühmtesten Klamm des Allgäus erwartet. Nur drei Jahre später, 1925, verfasste der Schriftsteller Julius Wais wohl eine der schönsten und poetischsten Beschreibungen der Klamm: „...betritt man die wildromantische Breitachklamm, eine der großartigsten Felsschluchten der Alpen. Am inneren Ausgang des Felsentunnels starren weit überhängende Felsmassen empor; der Fluß zwängt sich an dieser Stelle durch ein gewaltiges Felsentor. Durch die zunächst noch erbreiterte, waldumsäumte Schlucht mit ihrer Fels- und Wasserwildnis wandert man aufwärts; nach 1/4 St. tritt man bei einem prächtigen, mit sattgrünem Wasser erfüllten Strudelkessel in den engsten Teil der Felsschlucht.

Im Halbdunkel zieht der ausgesprengte Pfad an den 80 bis 120 m hohen, überhängenden Felswänden 600 m lang hin, während in der Tiefe im engen, oft nur meterbreiten Felsschlitz die Breitach weißschäumend mit Donnergetöse dahinschießt. Gleich nach dem ersten Steg, wie auch an vielen anderen Stellen der Klamm, zeigen sich mächtige Ausbuchtungen in den Felswänden, die Reste ehemaliger Gletschermühlen in beträchtlicher Höhe über dem Wasserspiegel: ein Zeichen, wie tief sich der Fluß inzwischen in sein Felsbett eingenagt hat. Beim zweiten Steg spannen sich mehrere gewaltige, eingeklemmte Felsblökke über die Klamm, eine Art Naturbrücke bildend... im engen, tiefem Felsspalt rast der zusammengepreßte Fluß schäumend und brausend dahin.

In weiteren 5 Min. führen Treppen hinab zum Glanzstück der Klamm, dem von zwei donnernden Wasserfällen umbrausten Riesenblock, der bei einem früheren Felssturz zu Tal fuhr und nun das Bett der Breitach fast ausfüllt. … Donnernd zwängt sich der Fluß durch zwei enge Felsenrisse in wildem Sturze hindurch. … In der Tiefe schießt der milchweiß schäumende, brausende Fluß durch den engen, oft kaum meterbreiten Felsspalt in rasendem Wirbel dahin." Und als

Abschluss: „...der Weg führt hier durch einen Tunnel aus der Fels- und Wasserwildnis ins lachende, waldumsäumte Tal."

Die Breitach entsteht bei Mittelberg-Baad im Kleinen Walsertal, wo sich drei Bergbäche vereinigen. Die bis zu beinahe hundert Meter tiefe und an manchen Stellen nur zwei Meter breite Schlucht entstand nach dem Abschmelzen der Gletscher der letzten Eiszeit, der Würmeiszeit. Der Name des Baches kommt von „breite Ach". Er ist einer der drei Quellflüsse der Iller, die anderen sind die Trettach und die Stillach. Alle drei kommen an einer Stelle zusammen.

„Hohe Felswände, senkrecht abfallend, bilden eine circa 200 F. tiefe, enge, wohl eine Viertelstunde lange Schlucht, durch welche sich die Breitach, in wildem Trotze gegen die Felsen stürmend, hindurchwälzt. Von dem Stege, der über die Schlucht führt, kann man sicher in die dunkle, schaurige Tiefe schauen, wo die Wasser im zürnenden Eifer am tiefen Schachte weiter graben."
Josef Buck, 1856

Liest man die obige Beschreibung aus dem ersten Allgäuer Reiseführer, ahnt man etwas davon, wie Furcht erregend eine solche Schlucht mit einem derart tobenden Bach in früheren Zeiten gewesen sein muss! Auch der Arzt Dr. Karrer aus Immenstadt lässt in seinem 1832 geschriebenen Text etwas von dieser Faszination ahnen: „Die Schlucht ist 36 Klafter tief und oben kaum zwölf Schuh breit. Grauenerregend ist der Blick in den Abgrund, aber fast schauerlicher, über ihn zu kommen. Es führt nämlich ehemals ein elender nur drei Fuß breiter Steg, der aus zwei Längen Holz gefertigt war, über die grausige Tiefe." Das alte Längenmaß Klafter bedeutete die Länge der ausgebreiteten Arme eines erwachsenen Mannes, entsprach also etwa 1,80 Meter.

Grundlos wagten die Menschen früherer Zeiten keine solchen Abenteuer wie die Begehung einer wilden Schlucht, da musste schon etwas Besonderes passieren. Und 1857 war es so weit: Dem Förster Schwarzkopf aus Oberstdorf stürzte ein Hirsch in die Schlucht! Für die Summe von 25 Gulden ließ sich der Tiefenbacher Seraphim Schöll in die Schlucht hinab, um das Tier zu bergen. Es gelang ihm aber nicht und so ließ sich auch sein Helfer Speiser an einem Seil hinab. Er weidete den Hirsch aus, so dass er leichter wurde und hochgezogen werden konnte. Nach dieser ersten Begehung hatte die Klamm wieder für fast ein halbes Jahrhundert ihre Ruhe.

Der nächste, den die unbezwungene Klamm lockte, war Johannes Schiebel, der neue Pfarrer von Tiefenbach.

Die Breitachklamm

Er schaffte es 1901, die Ängste der Bevölkerung vor den brausenden und tobenden Naturgewalten in der Schlucht zu besänftigen und die Erschließung der Klamm voranzutreiben. Aber kein einheimischer Unternehmer traute sich an die Aufgabe. So wurden die Arbeiten, darunter viele Sprengungen, von Johann und Giovanni Lucian aus Primiero in Italien ausgeführt. Schließlich konnte der Weg durch die Klamm am 4. Juni 1905 eröffnet werden.

Der Weg durch die Schlucht ist fast 1,8 km lang und führt an Wasserfällen vorbei, dabei überwindet er Strudellöcher, Felsstufen und Kaskaden. Aber auch für die Ohren ist etwas geboten: Es röhrt und pfeift und tost und tobt. Kolke und Wassermühlen drehen sich. Wer nach oben blickt, sieht seltsame runde Hohlformen: dies sind die Reste von früheren Wassermühlen aus der Zeit, als die Klamm noch nicht so tief ausgeschürft war. In ihnen drehte das Wasser Steine so lange, bis ein tiefes Loch entstand; die Wände wurden dünner und brachen schließlich durch. Dadurch wurde die Schlucht wieder ein Stück tiefer. Dieser Prozess setzt sich auch heute noch fort und der Fluss gräbt sich weiterhin in den Fels ein. Ab und zu gab es auch schon Hochwasserkatastrophen, wobei die Fluten schon bis zu vier Meter über die Steiganlage gestiegen sind.

Am 15. Dezember 1949 wurde die Breitachklamm als Naturdenkmal unter Schutz gestellt.

Ausgangspunkt:
Parkplatz Breitachklamm.

Wegverlauf:
Wenn man von Sonthofen her kommt, folgt man gleich den Wegweisern zum ersten Klammeingang, kurz bevor die Straße ins Kleinwalsertal führt. Von hier aus wandert man durch die Klamm bis zum hinteren Eingang. Der sehenswerte Teil der Klamm ist aber hier noch nicht zu Ende, so dass man vielleicht noch ein Stück weitergehen sollte, so lange man eben Lust hat. Nachdem wir zuerst an einer gewaltigen Bergsturzszenerie mit hausgroßen Felsblöcken vorbei gekommen sind, wird die Breitach anschließend immer friedlicher.

Da die Begehung der Klamm ein beeindruckendes Erlebnis ist, das ja auch einige Zeit in Anspruch nimmt, gehen wir anschließend auf demselben Weg wieder zurück.

Nun kann man die Natursehenswürdigkeiten von einer ganz anderen Perspektive bewundern, so dass sicherlich keine Langeweile aufkommen wird! Wer jedoch eine Rundwanderung unternehmen möchte, kann über das Fuchsloch und Hinterenge zurückkehren.

DIE SÖLLERECKBAHN

Wandern und Erlebnis für die ganze Familie

Die SöllereckBahn erschließt ein einzigartiges Wandergebiet mit einer Vielzahl an herrlichen Ausblikken auf die Allgäuer- und Kleinwalsertaler Bergwelt. Die Söllereck Bahn ist seit Mai 2007 täglich von 09.00 bis 17.00 Uhr in Betrieb.

Sehr schön angelegte und abwechslungsreiche Wanderwege, auch Nordic-Walking-Wege, führen zu so lohnenden Zielen wie den Freibergsee, die SkiflugSchanze oder über den etwas anspruchsvolleren Gratweg zum Söller- und Schlappoldkopf bis zum Fellhorn oder der Kanzelwand.

Alle Wanderwege im Söllereckgebiet sind sehr gut begehbar (teilweise auch mit Kinderwagen) und bieten abwechslungsreiche und fantastische Ausblicke. Naturliebhaber erfreuen sich an farbenprächtigen Bergwiesen, idyllisch gelegenen Gewässern oder den naturbelassenen Mischwäldern, die besonders im Herbst sehr reizvoll sind. Urige Alphütten und Berggasthöfe laden überall

an den Wanderwegen zur gemütlichen Einkehr ein.

„Wandern ohne Ende" – für die ganze Familie, ob sportlich oder gemütlich – jeder findet am Söllereck die für ihn geeignete Strecke.

„SöllereckRodel" –
Rodelspaß für Jung und Alt!

Für noch mehr Familienerlebnis sorgt der „Alpine Coaster", die Allwetter-Rodelbahn am Söllereck. Seit Mai 2007 täglich von 10 bis 18 Uhr geöffnet.

Der Nervenkitzel fährt auf der 850 m langen, kurvigen Strecke mit eingebauten Jumps und Wellenstrecken sowie einer 4,5 m hohen Brücke über die B 19 mit anschließendem steilen Kreisel immer mit. Der besondere Kick! Die 2-sitzigen Rodel erreichen eine Geschwindigkeit bis zu 40 km/h. Mittels Bremshebeln kann aber jeder sein Tempo selbst bestimmen.

Sicher auf Schienen und angeschnallt verläuft die rasante Fahrt bis zur Talstation, wo die Rodel automatisch gebremst und samt Insassen mit dem Berglifter wieder zur Bergstation gezogen werden. Der Rodelspaß ist auch bei schlechtem Wetter zu genießen. Regnet es, werden einfach Plexiglas-Schutzhauben über den Schlitten gestülpt und so bleibt man trocken.

Rodelspaß für Jung und Alt

Direkt neben der Rodelbahn entstand im letzten Sommer ein toller Kinderspielplatz und ergänzt das kinderfreundliche Angebot.

Weitere Informationen zur Söllereck Bahn und dem SöllereckRodel unter der Service-Nummer: 0 83 22 / 57 57 oder unter www.soellereckbahn.de.

Zu erreichen ist die SöllereckBahn und der SöllereckRodel über die B 19 Richtung Kleinwalsertal. Auf dem höchsten Punkt liegen die beiden gut ausgeschilderten Parkplätze bzw. auch die Bushaltestelle. Die Walserbusse verkehren im 10- bzw. 20-Minuten-Takt.

SkiflugSchanze Oberstdorf – herrliche Aussicht

Von der Aussichtsplattform auf dem Schanzenturm (bequem mit Sesselbahn und Personenaufzug erreichbar) genießt man einen herrlichen Panoramablick. Das sollten Sie unbedingt einmal gesehen haben. Eindrucksvoll auch die Ausmaße der Sprunganlage mit einer Höhendifferenz von insgesamt 207 m.

Die Parkplätze in der Nähe der Skiflug Schanze, im schönen Stillachtal, können direkt angefahren werden. Von dort sind es nur wenige Meter bis zur Sesselbahn.

Erlebnisreiche Wanderwege von der SöllereckBahn oder von Oberstdorf führen ebenfalls zur Schanzenanlage. Auch Radler können sie auf verschiedenen Wegen erreichen. Linienbusverkehr jede 1/2 Stunde.

Geöffnet hat die SkiflugSchanze seit Mai 2007 täglich von 9 bis 17.30 Uhr.

Der Eingangsbereich im und am Schanzenturm wurde besucherfreundlich umgebaut und renoviert. Ein Kiosk versorgt die Besucher mit Getränken und kleinen Snacks. Abwechslung für die Kinder bietet ein neuer Kinderspielplatz.

Änderungen und Irrtum bezüglich der Öffnungszeiten vorbehalten!

www.soellereckbahn.de

Kinderfreundliches Angebot

6 EISTOBEL

Zeit:	Eistobel etwa 2 Stunden, über die Riedholzer Kugel etwa 3–4 Stunden, über die Ruine Hohenegg etwa 3 Stunden.
Höhenunterschied:	Eistobel etwa 200 Meter, über die Riedholzer Kugel etwa 650 Meter, über die Ruine Hohenegg etwa 400 Meter.
Länge:	Eistobel hin und zurück etwa 4 Kilometer, über die Riedholzer Kugel etwa 9 Kilometer, über die Ruine Hohenegg etwa 6 Kilometer.
Sonstiges:	Da es im Eistobel auch schmierig und nass sein kann, ist geeignetes Schuhwerk angesagt.
Einkehrmöglichkeit:	Am Ausgangspunkt.
Karte:	1:105 000, Freizeit Erlebnis Karte Allgäu, AVA Verlag, Kempten.
Literatur:	Zur Ruine Hohenegg: Dieter Buck: Burgen und Ruinen im Allgäu. Stuttgart, 2002.

„Der schönste Ausflugspunkt in der weiteren Umgebung von Isny sind die Argenfälle, der Glanzpunkt des schwäbischen Allgäus, eine Perle unter den Naturschönheiten Süddeutschlands.“ **Julius Wais, 1929**

„…bietet einen solch überraschenden Wechsel von seltsamen Wandbildungen, lärmenden Wasserfällen, wunderlichen Aushöhlungen, smaragdgrünen Gumpen und riesenhaften, von Wasser umtobten Felsblöcken, daß diese Schlucht, in eines unserer Mittelgebirge versetzt, zu den Sehenswürdigkeiten ersten Ranges zählen würden."

Max Förderreuther, 1929

Der seit 1953 unter Naturschutz stehende Argen- oder Eistobel bei Grünenbach südlich von Isny ist einer der größten und schönsten seiner Art im Allgäu. Einzig ist er im württembergischen Teil davon. Bereits 1922 schrieb Eugen Waltenberger zu ihm: „Eistobel, die großartigste Naturschönh. Nordwestallgäus, nicht zu versäumen!, ist sicherlich einer der beeindruckendsten des an Tobeln – wie Schluchten im Allgäu genannt werden – nicht gerade armen Allgäus."

Entstanden ist der etwa fünfzig Meter tief eingegrabene Tobel vor 15 Millionen Jahren im Tertiär aus einem eiszeitlichen Schmelzwassersee. Beeindruckend ist die Gelbe Wand, ein fünfzig Meter hoher Sandsteinfels. Nagelfluhgestein sieht man vielleicht am schönsten am „Zwinger", der aus einem Gewirr von riesigen Felsblöcken gebildet wird. Nagelfluh wurde dieser „Naturbeton" deshalb genannt, weil die hervorstehenden Kieselbatzen wie Nagelköpfe aussehen. Durch das Anheben der Gesteinsschichten und das

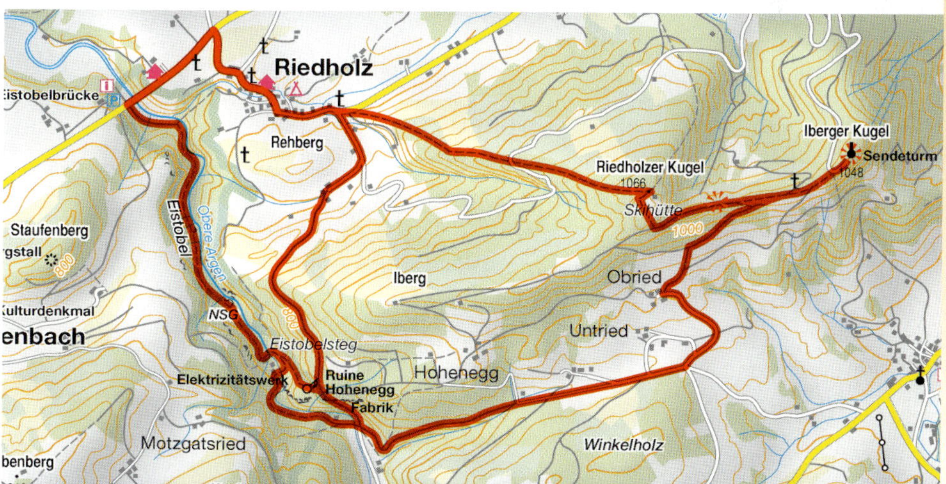

Tour 6 – Eistobel

Ausschwemmen von weicheren Sandsteinen und Mergelschichten entstanden Hohlräume und die darüber liegenden härteren Nagelfluhschichten stürzten schließlich ein. Ihre Trümmer bilden heute die Engstellen, die die Argen mit ihren kaskadenartigen Wasserfällen überwindet. 1929 fielen Julius Wais dazu die folgenden Worte ein: „Zwischen engem Felsspalt stürzt sich der milchweiße Fluß tosend in ein grünschimmerndes Wasserbecken, um gleich wieder in zahlreichen kleinen Fällen weißschäumend abzustürzen." Das smaragdgrüne Wasser strudelt und sprudelt zwischen insgesamt zwölf Wasserfällen und vierzehn Gletschertöpfen, wobei man den mit 15 Meter Durchmesser und zehn Meter Tiefe größten Gletschertopf beim „Gurgelhals" in der Nähe des Zwingers findet. An Versteinerungen fand man schon Korallen, Austern, Haifischzähne, Herz- und Kammmuscheln.

Aber nicht nur geologisch interessierten Besucher bietet der Eistobel etwas, auch Pflanzenfreunde kommen auf ihre Kosten. Schließlich wachsen hier dreißig Orchideenarten, darunter der Frauenschuh. Selten sind auch der Riesenschachtelhalm, der dunkelgrüne Winterschachtelhalm, an den Felsen des Zwingers der Traubensteinbrech, an den Wegrändern der Kiessteinbrech, außerdem der Rundblättrige Steinbrech und die Alpenheckenkirsche. Zahlreiche Pflanzen zeugen vom Wasserreichtum und der hohen Luftfeuchtigkeit der Schlucht (Winter- und Riesen-Schachtelhalm, Schildfarn, Alpen-Heckenrose, Alpen-Maßlieb, Zierliche Glockenblume und Geißbart). Und vor dem „Großen Wasserfall" findet man Epiphyten mit Moosbärten an den Zweigen und aus den Baumstämmen wachsendem Tüpfelfarn, was an den tropischen Regenwald erinnert. Der „Zwinger" weist ebenfalls eine Urwaldatmosphäre auf, an ihm findet man viele Farne und verschiedene Moosarten.

Wer aufpasst, kann den „Fliegenden Edelstein", wie der Eisvogel auch genannt wird, sehen. Vielleicht auch den einzigen Singvogel, der nicht nur fliegt, sondern auch schwimmt und sogar taucht, um am Grund des Wassers sein Futter zu holen: die Wasseramsel. Interessant für Kinder ist der Alpensalamander, den man insbesondere bei feuchtem Wetter beobachten kann.

Im Winter überziehen Stalaktiten und Stalagmiten aus Eis den Fels und weißbläulich schimmernden Eisgebilde wachsen erwecken eine märchenhafte Atmosphäre – wer jetzt die Schlucht durchwandert, weiß, woher sie ihren Namen hat! Sie ist zwar von November bis Mai nicht offiziell geöffnet, man kommt jedoch hinein und der Besuch ist erlaubt.

Ausgangspunkt:

Argentobelbrücke auf der Straße zwischen Maierhöfen und Grünenbach.

Wegverlauf:

Beim Kassenhäuschen sollte man sich zuerst vielleicht den Schaukasten mit den Beschreibungen zur alten, abgerissenen Brücke ansehen. Dann steigt man hinab zur Oberen Argen und biegt in der Schlucht rechts ab.

Nun durchwandert man den Tobel in etwa einer Stunde, dabei geht es immer auf- und abwärts. Schlucht und Weg werden immer dramatischer und wildromantischer, und im Bachbett sieht man Strudellöcher, smaragdgrüne Becken, Wasserkaskaden, kleine Wasserfälle und im so genannten „Zwinger" tiefgrün bemooste Felsbrocken. Oft kann man auch direkt ans Wasser gehen kann, was besonders Kindern viel Spaß machen wird. Wo der teilweise in den Fels gesprengte Weg etwas gefährlicher wird, sind Drahtseile angebracht. Früher war es noch aben-

Die Argentobelbrücke

Beeindruckend ist auch die Argentobelbrücke, ein 54 Meter hohes und 204 Meter langes Bauwerk. Die Vorgängerbrücke, ein von der Maschinenfabrik Nürnberg erbautes Stahlgestell, wurde Anfang des 20. Jahrhunderts erbaut und war damals die längste und höchste Straßenbrücke Bayerns. Bei der Einweihung im Jahr 1907 sagte Prinz Ludwig von Bayern: „Ah, das ist ein großartiges Bauwerk." 1987 wurde die historische Brücke gesprengt, nachdem man daneben das heutige Bauwerk errichtet und 1986 eingeweiht hatte. Am Eingang zum Eistobel hängen alte Dokumente aus über die Geschichte der beiden Brücken, außerdem ist dort ein Modell der alten zu bewundern.

teuerlicher, denn die „Felsklause", durch die heute ein bequemer Weg führt, konnte nur durch eiserne Leitern überwunden werden!

Zum Abschluss erwartet uns noch ein prächtiger Wasserfall, zu dem ein luftiger Steg, einige Meter über dem Boden, führt. Anschließend bezwingt man die Schlucht mit dem darunter liegenden Wasserfall hoch oben auf einer Brücke.

Danach hält man sich rechts in Richtung „Schüttentobel", wir steigen auf einem wurzelübersäten Naturweg steil hinauf und biegen an der Verzweigung nach rechts ab. Nun folgt ein Staudamm, danach kommt noch ein kleiner romantischer See, der von einer mächtigen, fünfzig Meter hoch senkrecht aufsteigenden Felswand aus Nagelfluhgestein begrenzt wird. Wir folgen den Markierungen zum „Schüttentobel", später zum „Kiosk" und kommen zu einer Schranke.

Nun gibt es verschiedene Möglichkeiten. Eine davon wäre, einfach auf demselben Weg zurückzugehen und das Naturereignis des Eistobels einmal von der anderen Seite auf sich wirken zu lassen. Da man die Naturschönheiten dabei von einer ganz anderen Seite sieht, kann man sie nun ein zweites Mal genießen. Eine andere Möglichkeit wäre beispielsweise ein Rundweg, der über die Riedholzer Kugel führt. Hierzu geht man Richtung „Silbratshofen" nach Unter- bzw. Oberried. Danach hält man sich an die Wegweiser zur „Kugel" bzw. „Gipfelkreuz" und erreicht die Iberger Kugel (1013 m), die ein schlichtes Holzkreuz besitzt.

Danach orientiert man sich an den Wegzeichen „Kugel/Feriendorf" und kommt zur Riedholzer Kugel. Mit 1068 Meter ist sie der höchste Punkt im Westallgäu. Nun orientieren wir uns nach Westen in Richtung nach „Riedholz", wo wir mit den Schildern „Eistobel" zurück zum Ausgangspunkt kommen.

Noch eine andere Möglichkeit des Rückwegs führt über die Ruine Hohenegg, von der allerdings nichts mehr zu sehen ist. Hierbei spazieren wir nach dem Schüttentobel zum ersten Haus und gehen nach der Brücke nach links hinauf zu zwei eisernen Pfosten. An der folgenden Kreuzung können wir einen Abstecher zur ehemaligen Burg Hohenegg machen: Wir gehen nach links in Richtung „Eistobel", dann noch einmal nach links zu einer Kapelle, hinter der die Burgstelle Hohenegg liegt.

Danach spazieren wir zurück zur Kreuzung und halten uns nach links (Schild Riedholz 3). Es geht abwärts, wir verlassen den Wald und kommen zur Landstraße. Auf ihr gehen wir nach links nach Riedholz und wie oben beschrieben zurück zur Eistobelbrücke.

Im Eistobel

7 ESCHACHER WEIHER

Eschacher Weiher (1000 m)

Volumen	max. Tiefe	max. Länge	mittlere Breite	Oberfläche	Umfang	Einzugsgebiet	Wassererneuerung
0,15 hm^3	5 m	0,7 km	0,12 km	8,54 ha	2,18 km	1,06 km^2	53 Tage

Zeit: Rund 3 Std.

Höhenunterschied: Rund 120 m.

Länge: Rund 8 km, ab Buchenberg rund 3 km zusätzlich.

Sonstiges: Die Tour verläuft auf Forst- und Feldwegen, teilweise auf asphaltierten Sträßchen. Bademöglichkeit im Weiher.

Karte: 1:105 000, Freizeit Erlebnis Karte Allgäu, AVA Verlag, Kempten.

Der Eschacher Weiher liegt nahe an der europäischen Wasserscheide zwischen Rhein und Donau. Er wurde 1693 von Fürstabt Rupert von Bodman aus Kempten künstlich angelegt, indem man die Quellbäche der Wengener Argen fasste und einen unterirdischen Kanal über Wegscheidel, Masers und Ermengerst nach Ahegg zur Rottach baute. Dies war notwendig, um eine gesicherte Wasserversorgung für die Mühlen der Fürstäbte sicherzustellen.

Der Mühlenbach, der über den neu angelegten Weiher reguliert wurde, trieb 24 Mühlen auf Buchenberger, Wiggensbacher und Kemptener Gebiet. Im Weiher lebten auch zahlreiche Fische, die den herrschaftlichen Speisezettel bereicherten. Heute dient der See auch als Badeweiher, in seinem westlichen Bereich ist er Teil eines Landschaftsschutzgebietes, in dem seltene Wasservögel brüten und Zugvögel auf ihrem Weg nach Süden Station machen. Interessant im Zusammenhang mit Wasser: in Buchenberg gibt es

den „Wasserschmeckerweg". „Wasserschmecker sind Leute, die mit der Wünschelrute Wasser, Wasseradern oder Erdverwerfungen finden. Man kann dies anhand einer ausgeschilderten Route selbst versuchen. Überall dort, wo ein professioneller Wasserschmecker fündig geworden ist, wurden Tafeln aufgestellt. Bei der Tourist Info gibt es einen erklärenden Prospekt mit dem Wegverlauf. Der Eschacher Weiher dient heute als Badesee, allerdings gibt es aus Gründen des Naturschutzes an der Westseite vom 1. April bis 1. November ein Betretungsverbot.

Ausgangspunkt:

Parkplatz oberhalb des Eschacher Weihers.

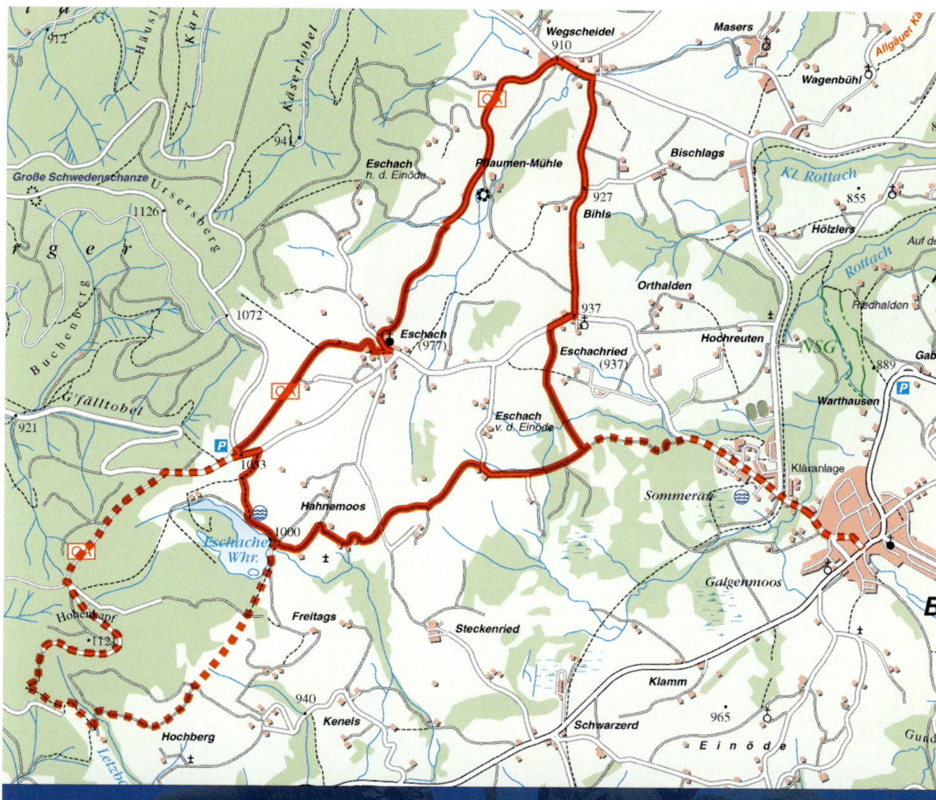

Eschacher Weiher (1000 m)

Wegverlauf:
Wir gehen vom Parkplatz aus hinab zum See und halten uns vor ihm links. An seinem Ende wandern wir geradeaus weiter in Richtung „Buchenberg". Ab jetzt haben wir immer wieder einen prächtigen Blick auf herrliche Allgäuer Voralpenlandschaft mit der Bergwelt im Hintergrund.

Der Weg zieht nach links, kurz darauf gehen wir nach rechts hinab zu den Häusern. Mit einigen Windungen erreichen wir eine asphaltierte Querstraße; hier behalten wir unsere Richtung bei („Buchenberg über Vordere Einöde"). Es geht nun auf einem Feldweg weiter bis zum nächsten Hof, wo wir der Straße nach rechts in Richtung „Buchenberg" weiter folgen.

Wo diese Straße kurz danach nach rechts zu einem Hof zieht, gehen wir entlang des Bächleins geradeaus auf den Wald zu.

Kurz nachdem wir ihn verlassen haben, folgen wir dem nach links führenden „Wasserschmeckerweg" bis zur Landstraße. Wer nach Buchenberg muss, wandert an diesem Abzweig aber geradeaus weiter bis zur Straße und auf ihr nach rechts nach Buchenberg. Auf dem Weg zur Landstraße kommen wir auch zu einem Punkt, wo ein professioneller „Wasserschmecker" eine Wasserader gefunden hat. Auf der Tafel ist Wissenswertes dazu erklärt.

Ansonsten gehen wir auf der Straße nach rechts zu den Häusern von Eschachried und biegen hier nach links ab in Richtung „Wegscheidel". Mit prächtigem Blick zum Blender erreichen wir über Bihls diese Ansiedlung. Wir halten uns kurz links, dann nehmen wir den nach links abzweigenden Weg zur „Pflaumenmühle". Wir lassen die Mühle links unten liegen und marschieren weiter in Richtung „Eschach".

In diesem Ort nehmen wir die nach der Kirche nach rechts führende Straße mit der Bezeichnung „Eschacher Weiher Höhenweg". Sie führt steil bergauf und knickt nach den letzten Häusern nach links ab, geradeaus spazieren wir nun zurück zum Parkplatz.

Wer will, hat aber noch andere Wandermöglichkeiten. Beispielsweise kann man auf den Hohen Kapf, eine Erhebung südwestlich des Sees wandern. Hierzu folgt man entweder an der Ostseite des Sees der Beschilderung oder man marschiert auf der Straße kurz nach Westen und folgt hier dem nach links weisenden Schild.

Man kann die Wanderung auch in Buchenberg beginnen, dann geht man auf der Straße, zweigt nach dem Ort im Wald nach links ab und folgt dann dem nach rechts weisenden Wasserschmeckerweg nach Eschachried. Beim Rückweg nimmt man hier nicht den nach links führenden Wasserschmeckerweg, sondern geht geradeaus weiter zur Landstraße und auf ihr zurück.

Der Eschacher Weiher

8 FORGGENSEE

Forggensee (781 m) – Hegratsrieder See (794 m) – Kühmoossee

	Volumen	max. Tiefe	max. Länge	mittlere Breite	Oberfläche	Umfang	Einzugsgebiet	Wassererneuerung
1	144 hm^3	35 m	11 km	1,39 km	1528 ha	32 km	1594 km^2	25 Tage
2	0,27 hm^3	5 m	0,54 km	0,22 km	11,75 ha	1,53 km	0,67 km^2	

Zeit: Rund 3 Std.

Höhenunterschied: Rund 180 m.

Länge: Rund 33 km.

Sonstiges: Die Radtour verläuft auf festen Wegen und Straßen.

Karte: 1:30 000, Zumstein Wanderkarte Nr. 1 Füssen.

Bademöglichkeit: Forggensee, Hegratsrieder See und im Moorbad am Kühmoossee, Zugang direkt von der Landstraße.

Einkehrmöglichkeit: In den Orten unterwegs.

Wohl selten kann man eine Radtour unternehmen, die derart prächtige Landschaftseindrücke bietet.

Man radelt durch eine interessant modellierte Landschaft mit vielen Wiesen, Weiden und kleinen Waldstücken, vorbei an Höfen und Weilern, sieht einige Feldkreuze und natürlich immer wieder den Forggensee. Zu ihm kann man an manchen Stellen auch direkt hingehen und baden. Im Hintergrund sieht man fast ständig die Ammergauer und Tannheimer Berge. Als gegen Ende der Eiszeit die großen Gletscher abzuschmel-

zen begannen, lag im östlichen Allgäu zwischen Schongau und der Gegend um Trauchgau und Roßhaupten ein großer See. Mit der Zeit grub sich der Lech ein Bett durch den Bergriegel bei Roßhaupten und das Wasser floss ab, übrig blieben nur die Seen, die heute die Ostallgäuer Seenplatte bil-

den: Alpsee, Schwansee, Bannwaldsee, Hopfen- und Weißensee. Die Gegend war schon früh besiedelt, denn man fand am Horn am Lechufer Spuren einer Station von Jägern aus der Steinzeit. Der Lech war später dann eine Wasserstraße, die das obere Lechtal mit der Donau und dem südöstlichen Bayern verband. Die Orte hier haben eine reiche Flößertradition, es wurden viele Güter wie Kalk und Holz, aber auch Reisende befördert. Die Floßfahrt wurde erst 1921 eingestellt.

Der Forggensee erhielt seinen Namen nach der im See versunkenen Ortschaft Forggen. Er ist ein Kind der Technik, entstanden in den fünfziger Jahren: Mit dem Bau der Talsperre wurde 1951 nach einer mehrjährigen Planungsphase begonnen, zuerst mit dem Bau von Straßen und der Errichtung eines Wohnlagers für etwa tausend Arbeitskräfte.

1954 hat man dann die gesamte Stauanlage in Betrieb genommen. Der 781 Meter hoch gelegene und 16 km^2 große Forggensee ist der größte See des Allgäus und der fünftgrößte Bayerns. Der riesige Wasserspeicher ist der Kopfspeicher von zahlreichen Wasserkraftwerken am Lech. Er besitzt ein Fassungsvermögen von 150 Mio. m^3 und dient der Energiegewinnung, der Niedrigwasseraufbereitung und der Verhinderung von Flusseintiefungen; durch ihn kann der Hochwasserabfluss wesentlich vermindert werden, was sich sogar noch an der Donau positiv auswirkt. Weite Bereiche entlang des Lechs stehen unter Landschafts- oder Naturschutz.

Der See ist 12 Kilometer lang und bis zu 3 Kilometer breit. Seine Bauzeit Anfang der 50er Jahre betrug 3 1/2 Jahre bei Kosten von 72 Mio. DM, was hochgerechnet und in Euro umgerechnet etwa 140 Mio. entsprechen würden.

Ausgangspunkt:
z. B. Füssen, östlich der König-Ludwig-Brücke.

Wegverlauf: Man kann die Radtour natürlich an jedem beliebigen Punkt oder Ort, den man berührt, beginnen. Auch das Finden des Weges ist im Prinzip einfach, denn die Rundtour ist überall gut mit „Forggensee-Rundweg" bezeichnet. Am Parkplatz nach der König-Ludwig-Brücke fahren wir entlang des Lechs zu der parallel verlaufenden Staumauer und den Gebäuden und hier geradeaus weiter. An der Verzweigung danach halten wir uns zuerst rechts („Horn"), dann gleich links, dem Radwegschild folgend. In Horn fahren wir erst entlang einiger Häuser, dann werden wir nach oben verwiesen. Nach kurzem Anstieg radeln wir in unserer Richtung weiter, durch Horn hindurch. Nach dem Ort sehen wir links einen römischen Meilenstein.

Bald sind wir in Waltenhofen, das wir ebenfalls durchqueren. Danach kön-

nen wir entweder geradeaus weiterfahren oder am Parkplatz nach den Häusern nach links abbiegen und direkt am Ufer entlang radeln. Wir kommen hierbei nach dem Rechtsknick des Horns zum Campingplatz und verlassen ihn entweder auf dem schmalen Weg am See entlang, auf dem wir allerdings kurzfristig schieben sollten, oder auf seiner Zufahrtsstraße. Danach kommen wir zu einer Brücke; hierher kommen auch diejenigen, die nach Waltenhofen geradeaus weitergefahren sind.

Wir überqueren die Brücke und radeln in lang gezogenen Windungen und etwas bergauf zum Hegratsrieder See; unterwegs haben wir auch einmal eine Möglichkeit, nach rechts zum Bannwaldsee abzuzweigen, den wir von ferne sehen (siehe Nr. 14). Vorbei am Hegratsrieder See fahren wir nach Greith, hier liegt hinter dem Ort der idyllische, schilfumstandene Schapfensee. Das Sträßchen knickt nach rechts ab und bringt uns zur Landstraße vor dem Kühmoossee. Hier kann man einkehren und Baden.

Ansonsten biegen wir nach links ab und radeln jetzt eine Zeit lang auf der Landstraße. Nach Kniebis geht es steil bergab zum Illasbergsee, wo es ebenfalls einen Badeplatz gibt. Bald verläuft auch links der Straße ein Radweg. Nach der Überquerung des Ablaufs nach rechts zum Lechsee sehen wir links den Kunstpark mit Skulpturen, die an die Römerzeit erinnern.

Nun geht es auf Roßhaupten zu. Wer in den Ort möchte, vielleicht, um die Kirche zu besichtigen oder um einzukehren, bleibt auf dem ausgeschilderten Radweg und folgt ihm vor dem Ort nach links.

Ansonsten kann man auch noch vor dem Ort, nach dem Sportplatz, nach links abzweigen und über die Mangmühle fahren. Auch hier trifft man nach einiger Zeit auf die B 16, der man nach Süden folgt. Nach einiger Zeit biegen wir links ab nach Dietringen und fahren ab nun auf schmalem Asphaltweg durch die Wiesen und durch Waldstücke. Nach Osterreinen geht es hinab zum Café Maria, danach links an der Kläranlage vorbei. Etwas später kommen wir zum Musical-Theater. Hier müssen wir gut aufpassen, dass wir die Radwegschilder nicht verpassen. Es geht erst auf die rechte Straßenseite, dann wieder auf die linke.

Vorbei am Theater kommen wir zum Stadtanfang von Füssen. Nach der Bootsanlegestelle werden wir nach links verwiesen und parallel des Lechs radeln wir nun bis zu der Stauanlage, die wir noch vom Anfang her kennen. Wir überqueren bei ihr den Lech und kommen zurück zum Ausgangspunkt.

9 FREIBERGSEE

Freibergsee (931 m)

Volumen	max. Tiefe	max. Länge	mittlere Breite	Oberfläche	Umfang	Einzugsgebiet	Wassererneuerung
1,94 hm^3	23 m	–	0,34 km	19,44 ha	1,84 km	0,77 km^2	526 Tage

Zeit:	Rund 4–5 Std.
Höhenunterschied:	Rund 500 m.
Sonstiges:	Meist gut zu gehende Forst- und Almwege, der Weg zum Gipfel verläuft auf einem alpinen Steig. Möglich Mai bis November.
Bademöglichkeit:	Freibergsee.
Einkehrmöglichkeit:	Sölleralpe, Gasthaus Hochleite, Freibergsee, Gaststätten an der Talstation.
Karte:	1:30 000, Zumstein Wanderkarte Nr. 6 Oberstdorf.

Diese Tour führt zum aussichtsreichen Söllereck, wobei der Anstieg durch Benützung der Bahn verkürzt wird. Anschließend steigen wir durch schöne Alpenrosenbestände ab zur Söller-Alpe und weiter zum idyllischen Freibergsee, der zwar Boots- und Badebetrieb hat, aber dadurch, dass er im Wald versteckt ist und auch nicht mit dem Auto erreicht werden kann, sich eine gewisse Romantik bewahren konnte.

Ausgangspunkt: Bergstation der Söllereckbahn (1345 m).

Wegverlauf:
Von der Bergstation aus steigen wir immer aufwärts, erst zum Restaurant, dann weiter in Richtung „Kanzelwand-Fellhorn". Danach folgen wir der Beschilderung zur „Söller-Alpe". Von dieser Einkehrstation (1522 m) aus steigen wir hoch zum Gipfel des Söllerecks

(1712 m), das uns eine herrliche Aussicht über die Allgäuer Bergwelt bietet. Der Weg führt uns durch schöne Alpenrosenbestände, was ihn vor allem im Frühsommer zu einem wahren Genuss werden lässt.

Danach gehen wir wieder zurück zur Alpe und auf dem Alpweg wieder in Richtung Bergstation. Davor noch orientieren wir uns an dem nach rechts weisenden Wegweiser „Freibergsee Hochleite". Es geht hinab zu einem kleinen Moor, das wir auf einem Steg überqueren, danach knickt der Weg nach rechts ab in den Wald. Wir halten uns immer an die nach Hochleite, Freibergsee und Schwand weisenden Wegweiser.

Nachdem wir einen Forstweg überquert haben, geht es hinab zu einem Bach, dann wieder etwas hinauf bis zum Gasthaus Hochleite. Direkt hinter diesem halten wir uns nach links zum „Freibergsee". Der Weg führt weiter steil bergab bis zum See. Hier kann man nun baden, Boot fahren, den See umrunden und vielleicht sogar die Aussicht von der Heini-Klopfer-Schanze genießen. Auf dem Forstweg oberhalb des Sees orientieren wir uns erst links, kurz darauf zweigt der Weg zur „Söllereckbahn" nach links ab. Wir spazieren nun auf dem sanft ansteigenden Probstweg durch Wald und Wiesenstücke, vorbei am Naturfreundehaus, zurück zum Ausgangspunkt.

Tour 9 – Freibergsee

10

GAISALPSEEN

Gaisalpseen (1509/1789 m) – Reichenbachtobel

Volumen	max. Tiefe	max. Länge	mittlere Breite	Oberfläche	Umfang	Einzugsgebiet	Wassererneuerung
0,08 hm^3	4 m	0,29 km	0,12 km	3,4 ha	0,78 km	0,7 km^2	978 Tage

Zeit: Rund 5–6 Std., bis Gaisalpe 4–5 Std.

Höhenunterschied: Bis Gaisalpe etwa 610 m, zum Gaisalpsee zusätzlich etwa 310 m.

Sonstiges: Gut zu gehende Wege, aber Vorsicht bei Nässe!

Einkehrmöglichkeit: Gaisalpe.

Karte: 1:30 000, Zumstein Wanderkarte Nr. 6 Oberstdorf.

Zwischen Fischen und dem Gaishorn gibt es für Freunde von Tobeln, Wasserfällen und Bergseen einiges zu sehen: den Reichenbach- oder Gaisalptobel mit seinen Wasserfällen und den Unteren und Oberen Gaisalpsee.

Als erstes durchwandert man den Reichenbach- oder Gaisalptobel, der oberhalb von Reichenbach liegt.

Er gehört sicherlich zu den schönsten seiner Art, obwohl er durch die Wildbachverbauung viel von seiner Wildheit verloren hat.

Trotzdem sehen wir noch einige kleine Wasserfälle und Kaskaden zwischen den großen Felsbrocken und Strudel und Gumpen im Bachbett. Was Fossiliensammler freuen wird: Im Reichenbachtobel kann man gut erhaltene, versteinerte Pflanzenreste finden!

Wer außer dem Tobel noch einen Bergsee in grandioser Gebirgsumgebung besuchen möchte, steigt hoch bis zur Gaisalpe (1149 m), einem Gasthaus, das auf einem herrlichen Aussichtsbalkon liegt.

Ab hier geht es weiter aufwärts. Der einfach zu gehende Weg führt uns an weiteren Wasserfällen vorbei, wobei der größte direkt vor dem Unteren

Gaisalpsee liegt. Dieser rund 300 Meter lange See ist einer von sechs Bergseen, die zwischen Nebelhorn und Daumen liegen. Noch weiter oben befindet sich der kleine Obere Gaisalpsee, zu dem man weiter aufsteigen kann.

Als Karseen verdanken sie ihre Entstehung den Gletschern der Eiszeiten, denn diese schütteten entweder hinter ihnen Moränenwälle auf oder schürften Wannen aus.

Ausgangspunkt:

Fischen, am Eisplatz hinter der Illerbrükke auf der nach Schöllang führenden Straße.

Wegverlauf:

Wir wandern am Eisbach nach rechts und halten uns an der nächsten Verzweigung links in Richtung „Gaisalpe“. Mit der mächtigen Pyramide des Rubihorns vor uns steigen wir langsam an. Bald folgen wir dem Steiglein nach rechts („Schöllanger Burg 0,3 km“). Zum Teil auf Stufen geht es hoch zu dem alten Kirchlein, an dem wir auf Tafeln die Geschichte lesen können.

Danach folgen wir der Straße wieder hinab ins Tal nach Widum, dann spazieren wir nach rechts nach Reichenbach. Hier orientieren wir uns an der Beschilderung zum „Parkplatz Gaisalpe“.

Tour 10 – Gaisalpseen

10

GAISALPSEEN

Gaisalpseen (1509/1789 m) – Reichenbachtobel

Nach dem Parkplatz geht es erst auf breitem Weg parallel des Bachs hoch; wo der Weg nach rechts zieht, wandern wir geradeaus am Bach entlang weiter hinauf („Tobelweg"). Nun hört auch die betonierte Wildbachverbauung auf und wir haben immer wieder schöne Blicke auf den Wildbach. Nach einiger Zeit verlassen wir den Wald und steigen über die Weide zum Gasthaus Gaisalpe weiter auf.

Wer zum Gaisalpsee möchte, folgt hinter dem Haus der Beschilderung. Es geht immer aufwärts und durch ein Waldstück hindurch.

Danach überqueren wir einen breiteren Alpweg, gehen aber auf dem schmalen Pfad geradeaus weiter. Er führt uns immer aufwärts, an einigen kleineren Wasserfällen und Bachläufen vorbei, bis wir schließlich vor dem Unteren Gaisalpsee (1508 m) stehen. Von ihm stürzt der größte der Wasserfälle hinab. Zum Kleinen oder Oberen Gaisalpsee (1769 m) müssen wir noch ein Stück weiter aufsteigen.

Zurückgekehrt folgen wir vor dem Gasthaus dem Schild nach links nach „Schöllang". Es geht nun immer auf und ab, z. T. im Wald, z. T. mit prächtiger Sicht ins Illertal bis zur Stützlhütte (Im Stitzl). Hier befindet sich ein Holzkreuz für die verstorbenen Mitglieder des Musikvereins. Danach wandern wir auf asphaltiertem Weg abwärts bis zu einer Heuhütte; hier knickt der Weg nach links ab und bringt uns hinab nach Schöllang.

Wir überqueren die Landstraße und halten uns dahinter auf die Kirche zu. An ihr vorbei weist uns ein Schild nach links nach „Fischen". Gemütlich bergab spazierend sind wir bald wieder zurück am Ausgangspunkt.

Allgäuer Jungvieh

Der Gaisalpsee liegt zu Füßen des mächtigen Gaisalphorns

GROSSER ALPSEE

Großer Alpsee (724 m)

Volumen	max. Tiefe	max. Länge	mittlere Breite	Oberfläche	Umfang	Einzugsgebiet	Wassererneuerung
32,68 hm^3	23 m	3,27 km	0,76 km	247 ha	8,1 km	49,5 km^2	179 Tage

Zeit:	Seeumrundung etwa 2–3 Std.; über den Berg ca. 3–4 Std.
Höhenunterschied:	Seeumrundung etwa 200 m; über den Berg etwa 350 m.
Länge:	Seeumrundung etwa 9 km; über den Berg etwa 12 km.
Sonstiges:	Gut zu gehende Wege und Steige.
Einkehrmöglichkeit:	Siedelalpe.
Bademöglichkeit:	Strandbad am Großen Alpsee.
Karte:	1:30 000, Zumstein Wanderkarte Nr. 6 Immenstadt.
Literatur:	Zur Siedelalpe: Dr. Peter Nowotny: Wanderungen zu Allgäuer Alphütten. Kempten.

„Westlich (von Immenstadt) zieht sich das freundliche Konstanzer Thal hin; aus frischem Wiesengrün glitzert der Spiegel des Alpsee's, mäßige Anhöhen, überall von Weilern, Höfen und Alphütten belebt, umfangen das Thal, und durch's grüne Thal braust die Eisenbahn, trotz des alten Algäuer Bäuerleins, der, als man ihm erzählte, wie man dahin über bald mit dem Dampfwagen bei Tag und

Nacht, Winter und Sommer fahren könne, ungläubig ausrief: „dös ka bigott gar it sy!" **Josef Buck, 1856**

Westlich von Immenstadt liegen im Konstanzer Tal drei Seen, der etwa 247 Hektar große Große Alpsee, der etwa 9 Hektar große Kleine Alpsee und der kleine Teufelssee. Der Große Alpsee ist der größte natürliche See des Allgäus.

Ihr Wasser erhalten die Seen von der Konstanzer Ach, die ihren Weg durch sie hindurch findet. Sie durchfließt noch den nördlichen Stadtrand von Immenstadt und mündet hier in die Iller. Die Seen sind die letzten größeren Seen, bevor die Allgäuer Bergwelt mit der Hörnerkette anfängt, die direkt südlich der Seen aufsteigt. Aber auch im Norden sind sie von Bergen umgeben, allerdings nicht ganz so hohen, denn hier steigen sie nur bis etwa 1000 Meter Höhe an.

In diese Berge führt die hier empfohlene Tour. Sie ist leicht zu gehen, die Wege sind gut, man hat immer wieder Aussicht und anschließend kann man sich im Großen Alpsee abkühlen –

Tour 11 – Großer Alpsee

Großer Alpsee (724 m)

beste Voraussetzungen also für eine richtige Genusstour! Das Wasser des Großen Alpsees wird bis zu 24°C warm und bietet sich für Badefreunde, Segler und Surfer an.

Wer noch etwas der Kultur frönen möchte, kann die vier sehenswerten Kirchen in Bühl am Alpsee besichtigen. Die Kirche St. Stephan steht beherrschend zwischen den beiden Alpseen an einem Hang. Sie wurde 1667/68 am Platz einer ehemaligen Burg der Herren von Bühl erbaut. Die Oberkirche wurde 1953 erweitert, außerdem gibt es die Unter- oder Gruftkirche. Hier befindet sich ein Modell des Hl. Grabes in Jerusalem. Die Wallfahrtskirche St. Loreto, nördlich der Pfarrkirche, wurde 1666 erbaut. 1716 wurde sie wegen der immer zahlreicher werdenden Wallfahrer um die Annakapelle erweitert. Sie besitzt an den beiden schönen Rokokoaltären Bilder des einheimischen Künstlers Johann Baptist Herz (1726) und an der Westwand Votivbilder aus dem 17. bis 19. Jahrhundert.

Ausgangspunkt:

Parkplatz am Strandbad Hauser in Bühl am Alpsee.

Wegverlauf:

Die einfachste Möglichkeit, den See kennen zu lernen, ist natürlich eine Umrundung. Man folgt hierzu auf dem Parkplatz dem nach Westen führenden Sträßchen und kommt über Trieblings nach Ratholz. Hier folgt man südlich des Sees der Straße wieder zurück in Richtung Bühl. In Hintersee nimmt man den rechts abzweigenden Weg, der uns ein Stück über dem See nach Gschwend und weiter nach Rieder führt. Hier verlassen wir kurz das Sträßchen nach links, dann geht es hinab nach Bühl.

Schöner ist jedoch eine Tour in die rund tausend Meter hohe Bergwelt nördlich des Sees. Hierzu steigen wir am Parkplatz an dem großen Kreuz vorbei steil hinauf in Richtung „Zaumberg" und „Siedelalpe". Nach kurzer Zeit sind wir in Zaumberg, wo wir noch einige schöne holzverschindelte Häuser nach Westallgäuer Art sehen; hier werden wir nach links verwiesen. Es geht nun nur noch mäßig bergauf. Wir berühren nach einiger Zeit fast die Landstraße, halten uns aber links.

Nach einiger Zeit treffen wir auf ein Sträßchen, vor uns sehen wir auch schon die Siedelalpe. Wir gehen an dem Gebäude rechts vorbei und behalten dahinter unsere Richtung bei. Bald kommen wir zu einer Verzweigung, wo man, wenn man möchte, bereits nach Trieblings absteigen kann.

Wir gehen aber noch weiter in Richtung „Pfarr-Alpe". Nun wandern wir auf einem schmalen Höhenrücken durch den Wald. Nachdem wir ihn verlassen haben, geht es auf einem Sträßchen weiter. Unternimmt man diese Wanderung im Frühjahr Ende März/April, dann sind die Wiesen hier mit zartlila und weißen Frühlingskrokussen übersät.

Wo es nach rechts zur Pfarr-Alpe gehen würde, halten wir uns links. Es steigt kurz an zu einem Höhenrücken, wo sich der Weg verzweigt. Wir müssen zwar nach rechts weiter gehen, sollten aber erst kurz nach links gehen, wo wir zu einem prächtigen Aussichtspunkt kommen, der uns einen Blick zu den Seen und zur dahinter liegenden Allgäuer Bergwelt bietet.

Ansonsten biegen wir nach rechts ab, kurz darauf werden wir zur Hohenschwand-Alpe nach links verwiesen. Es geht erst auf einem Steig hinab zum Alpgebäude, danach wandern wir auf asphaltiertem Weg und mit vielen Windungen über Reuter zum Großen Alpsee. Noch vor der Bahnlinie biegen wir nach links ab und spazieren über Trieblings zurück nach Bühl am Alpsee.

Der Große Alpsee

12 GRÜNTENSEE

Grüntensee (876 m)

Volumen	max. Tiefe	max. Länge	mittlere Breite	Oberfläche	Umfang	Einzugsgebiet	Wassererneuerung
4,43 hm^3	11,2 m	2,5 km	0,49 km	123,4 ha	8,2 km	83,34 km^2	13 Tage

Zeit: Rund 3 Std.

Höhenunterschied: Rund 120 m.

Länge: Rund 10 km.

Sonstiges: Die Tour verläuft überwiegend auf festen oder geschotterten Wegen.

Einkehrmöglichkeit: Campingplatz.

Karte: 1:30 000 Nesselwang, Zumstein Wanderkarte Nr. 2.

Der Grüntensee liegt im Wertachtal, das nach dem gleichnamigen Fluss benannt ist und mit dem See beginnt. Er wird nördlich flankiert von dem in der vergangenen Eiszeit entstandenen, nach dem Elch benannten Moränenhügel Ellegghöhe (1136 m), östlich von der Reuterwanne (1541 m), südlich vom Sorgschrofen (1636 m) und dem Wertacher Hörnle (1695 m). Am Ende des Tales thront der Grünten, der „Wächter des Allgäus". Wie die Landschaft sind auch die Hochmoore Relikte aus der Eiszeit.

Der Wertachzufluss ist gekennzeichnet durch eine hohe Menge an Schwebstoffen, organischem Material und Sand. Apropos Sand: es gibt sogar am See einen kleinen Natursandstrand.

Dass der 1961 als Hochwasserrückhaltebecken aufgestaute Grüntensee – damals noch als Haslachspeicher benannt – ein aufgestauter See ist, sieht man ihm heute nicht mehr an, so perfekt ist er in die Landschaft eingebunden. Umgeben von sanften Höhenzügen und mit dem namensgebenden Grünten, dem Wächter des

Allgäus, im Hintergrund, ist er eine herrliche Idylle.

Ziele des Aufstaus waren

- Hochwasserschutz und Niedrigwasseraufhöhung
- Energiegewinnung
- Fremdenverkehr, Freizeit und Erholung
- ökologische und fischereiliche Nutzung.

Diese Wanderung führt um ihn herum, aber mit einem Abstecher auf die Höhe, was doch ganz andere Landschaftseindrücke beschert. Wir haben dabei schöne Blicke auf ein idyllisches Hochtal mit dem kleinen Weiler Hinterschneid und dem Grünten im Hintergrund, zudem ab und zu Ausblicke auf den See.

Wer Glück hat, kann einen Grasfrosch, eine Adonislibelle oder einen Teichrohrsänger sehen, bemerkenswerte Pflanzen um den See sind Knabenkraut und Schwalbenschwanzenzian.

Große Ausbeute machen die Angler mit Forellen und Zander, außerdem leben hier Karpfen, Schleien, Rotaugen, Döbel und Nasen. In einer Sendung des bayerischen Fernsehens 1983 wurde der Grüntensee als eines der besten Zandergewässer Bayerns vorgestellt.

Der Rundweg nur um den See ist neun Kilometer lang. Außerdem gibt es einen informativen Lehrpfad mit 14 Schautafeln, die über Fische, Vögel und andere Tiere informieren.

Ausgangspunkt: Haslach.

Wegverlauf: Wir folgen in Haslach der Beschilderung zum Parkplatz, der sich südlich vom Ort in Richtung Staumauer befindet. Hier gehen wir auf dem Pfad nach Norden in Richtung Ort zurück, spazieren am Campingplatz vorbei und treffen auf der Nordseite des Sees auf einen festen, breiteren Weg. Auf ihm gehen wir nun nach links. Wer nur den See umrunden will, bleibt auf diesem Weg und folgt immer der Beschilderung „Seerundweg".

Interessanter ist aber ein Abstecher auf die Höhe, zumal man dabei auch von der parallel verlaufenden Straße wegkommt. Dazu biegen wir gleich nach

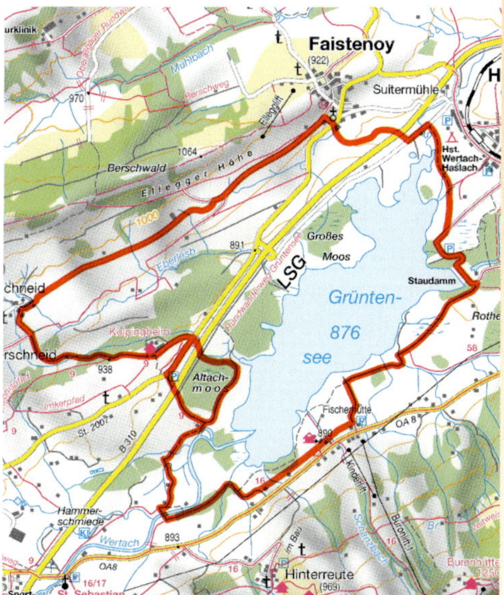

Tour 12 – Grüntensee

rechts ab und spazieren auf dem Sträßchen hinauf nach Faistenoy.
Dort überqueren wir die Straße und biegen nach dem nächsten Haus nach links ab in Richtung „Schnaidt". Es geht noch kurz auf dem festen Sträßchen weiter, dann halten wir uns bei einer Verzweigung rechts und gleich darauf links. Nun wandern wir auf einem Wiesenweg bzw. auf Pfadspuren weiter, immer in etwa auf der gleichen Höhe bis Hinterschneid.
Wo in dem Weiler die Straße etwas nach rechts abbiegt, halten wir uns links. Es geht hinab in Richtung Wald, hier zieht der Weg nach links und bringt uns auf einen Kamm, von wo wir nach links zum „Kolpingheim" abbiegen.
An dieser großen Anlage vorbei kommen wir hinab zu einem Landsträßchen. Wir haben nun zwei Möglichkeiten. Entweder wir gehen kurz nach rechts, biegen dann nach links ab und treffen hinter der B 310 auf den Seerundweg. Oder wir halten uns kurz links, gehen nach dem Gebüsch ohne Weg nach rechts, überqueren ebenfalls die B 310, und spazieren dann auf dem Wiesenweg zu dem Waldstück und rechts von ihm auf dem Trampelpfad weiter.
Er zieht vor dem See nach rechts, bringt uns durch Wäldchen und schließlich wieder auf den geschotterten Seerundweg. Dem gut beschilderten Weg folgen wir nun weiter rund um den See, zurück zum Ausgangspunkt.

Der Grüntensee

HALDENSEE

Haldensee (1124 m)

Zeit:	Rund 1–2 Std., über Adlerhorst etwa 1 Std. mehr.
Höhenunterschied:	Um den See unwesentlich, zum Adlerhorst (1350 m) etwa 230 m.
Länge:	Um den See etwa 5 km.
Bademöglichkeit:	Freibad im Haldensee.
Karte:	1:25 000, Zumstein Wanderkarte Nr. 7 Tannheimer Tal.

Von der Entstehung des Haldensee gibt es eine Sage. Danach stand an der Stelle des heutigen Sees ein Bauernhof, der der reichste weit und breit gewesen sein soll. Der Bauer konnte Truhe um Truhe mit Gold und Silber anhäufen und die Ställe waren voll mit Vieh. Das viele Geld hat den Bauern aber hartherzig und stolz werden lassen.

Er hatte drei Töchter, und die waren zwar hübsch, aber hoffärtig, stolz und eitel. Als ein Vorbote schlimmerer Zeiten wurde die jüngste der drei durch eine Krankheit blind. Eines Tages starb der Bauer und die Töchter richteten ihm ein prunkvolles Begräbnis aus, damit sie auch ihre schönen Trauerkleider ausführen konnten. Danach ging es ans Erben. Die Jungfrauen wussten zwar um den Reichtum des Vaters, staunten aber doch über die vollen Truhen mit Geld und Gold. Zählen konnten sie das viele Geld nicht, so viel war es, und so beschlossen sie, es mittels Abmessen zu verteilen.

Sie nahmen einen Scheffel und häuften ihn gestrichen voll; jede Schwester sollte nacheinander einen solchen bekommen. Nach einiger Zeit betrogen die beiden sehenden Schwestern aber die blinde, indem sie bei ihr den Scheffel umdrehten, so dass sie nur sehr wenig Gold erhielt.

Nach einiger Zeit kontrollierte die Blinde aber ihren Scheffel durch Tasten, und als sie den Betrug bemerkte, erhob sie ein fürchterliches Geschrei und verfluchte sich und ihre Schwestern. Und wirklich kam kurz darauf ein schreckliches Unwetter und der gesamte Hof verschwand in der Tiefe der aufgerissenen Erde. Das Loch wurde von den Bächen gefüllt und bildet jetzt den Haldensee.

Ausgangspunkt:

Parkplatz am Freibad Haldensee.

Wegverlauf: Man hat verschiedene Möglichkeiten, den Haldensee und seine Umgebung zu erkunden. Am einfachsten ist eine Seeumrundung. Hierzu geht man vom Parkplatz aus zur Straße. Wer möchte, folgt dem Wanderweg, der direkt neben ihr verläuft. Man kann auch den Weg nehmen, der sich hinter der Straße etwas höher im Wald befindet. Dann hat man zwar

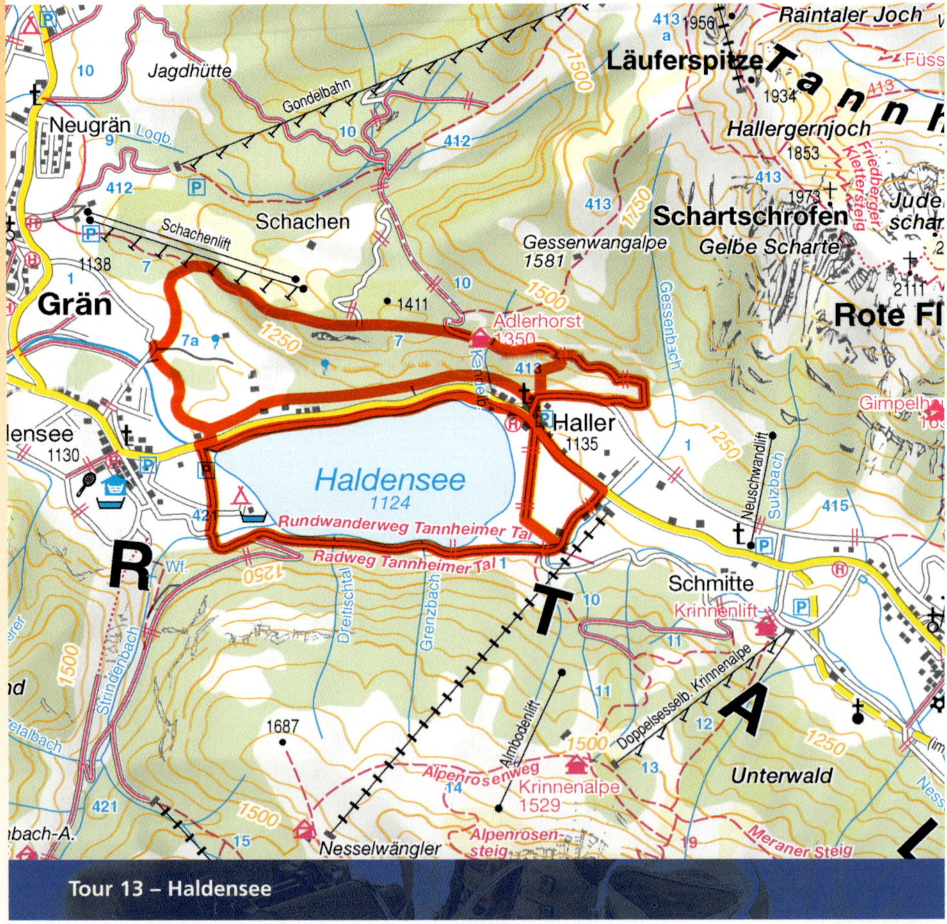

nicht ständig eine so schöne Sicht auf den See, dafür ist man aber von der Straße weg.
Nach Haller gehen wir nach rechts auf die andere Seite des Sees und folgen hier dem Weg zurück zum Freibad.
Wer den Spaziergang noch etwas ausdehnen möchte, folgt hinter der Straße dem Zeichen zum Gasthaus Adlerhorst. Es sitzt wirklich wie ein Adlernest kühn auf einem Fels hoch über dem See. Auch von Haller aus gibt es eine Auf- bzw Abstiegsmöglichkeit, so dass man den Weg entlang der Nordseite des Sees auch über dieses Gasthaus nehmen kann.

Der Haldensee

14 BANNWALDSEE

Hegratsrieder See (865 m) – Bannwaldsee (786 m) – Kühmoossee

Volumen	max. Tiefe	max. Länge	mittlere Breite	Oberfläche	Umfang	Einzugsgebiet	Wassererneuerung
14,1 hm^3	12 m	2,4 km	0,95 km	228 ha	6,7 km	21,42 km^2	296 Tage

Zeit: Rund 3–4 Std.

Höhenunterschied: Unwesentlich.

Länge: Rund 14 km, je nachdem.

Sonstiges: Auch mit dem Fahrrad möglich.

Bademöglichkeit: Hegratsrieder See und im Moorbad am Kühmoossee, Zugang direkt von der Landstraße.

Karte: 1:30 000, Zumstein Wanderkarte Nr. 1 Füssen.

Nicht nur, dass man bei dieser Wanderung durch Moorgebiete und eine typische Moränenlandschaft drei der vielen Seen der Ostallgäuer Seenplatte berührt, man hat auch herrliche Blicke auf kleine Moore – Filze, wie sie hier genannt werden –, romantisch mit Birken bewachsen. Auch zur Alpenkette bietet sich eine prächtige Aussicht. Und am Horizont stehen wie eine Verheißung zartfarben die Tannheimer Berge. Der 781,8 Meter hoch gelegene Bannwaldsee ist bis zu 12 Meter tief. Er ist 2,4 Kilometer lang, besitzt eine mittlere Breite von 0,95 Kilometer und bedeckt eine Fläche von rund 2,3 Quadratkilometer. Er liegt im Naturschutzgebiet Bannwaldsee und im Landschaftsschutzgebiet „Forggensee und benachbarte Seen".

Der Hegratsrieder See ist etwa 200 Meter lang und 120 Meter breit, seine Tiefe beträgt ein bis zu zwei Meter. Das Biotop, das im Westteil des Sees liegt, mündet in das Niederhofener Wäldchen. Der Name Hegratsried kommt

von „hegerazried, högerazried". Der See wurde vermutlich 1560 als künstlicher Fischweiher angelegt. 1192 wurde der Hof als „Swaigario" = Schwaighof erstmals genannt und 1268 von den Schwangauern an das Kloster St. Mang in Kempten verkauft. 1557 wurde der Hof von Abt Jörg an David Baumgartner verkauft, worüber in der Klosterchronik steht: „...abt Jorg dem herrn david Baumgartner ain hoff ... Shwaig hegeratsried genannt verkaufft auff wellicher shwaig das gotzhauß jahrlich ungefärlich 50 haubt viehs erhalten und zu nutz dem gotzhauß..."

Dass der Hof früher groß und reich war, sieht man daran, dass bis 1925 neben

Tour 14 – Bannwaldsee

der Quelle unterhalb des Hofes noch eine Schmiede mit Amboss und Blasebalg bestand – dies deutete auf einen großen Pferdebestand und somit auf Vermögen hin. Bis Mitte der fünfziger Jahre des 20. Jahrhunderts wurde auf der großen Terrasse des Hofes noch für Ausflügler Bier ausgeschenkt.
Man hat bei dieser Tour außerdem noch Gelegenheit, drei kunsthistorische Kleinode zu besuchen. Die Kapelle St. Peter in Berghof wurde 1684/85 von Johann Schmuzer auf einer Anhöhe östlich des Ortes errichtet, auch die Altäre stammen von ihm.
Sie besitzt ein flachgedecktes Schiff mit neubarockem Stuck und einen mit einer Zwiebelhaube gekrönten Dachreiter. Vermutlich wurde sie im 17. Jahrhundert als Kirche des nördlich von ihr anschließenden Pestfriedhofs erbaut. Ihr Hochaltar stammt aus dem 17. Jahrhundert, er besitzt ein modernes Altarblatt und eine Krönung Mariens aus dem 18. Jahrhundert. Die Nebenaltäre stammen aus dem 17. und 18. Jahrhundert. Weiter sehenswert sind die Kanzel, das Holzkruzifix (Ende 18. Jahrhundert), die Marienfigur (Ende 18. Jahrhundert) und das Chorgestühl.
Auch die Pfarrkirche St. Michael in Bayerniederhofen ist sehenswert. Sie wurde 1328 erweitert und 1701 neu erbaut und besitzt einen Turm mit Zwiebelhaube. Die ersten Entwürfe zu ihrer Erweiterung stammen von Johann

Der Schepperle

Die neugotische Kapelle beim Hegratsriederhof wurde 1863 erbaut. Über sie gibt es eine Sage. Auf dem Hof spukte lange Jahre auf dem Herd ein Geist, ein so genannter Schepperle. Er hieß so, weil er die Töpfe umwarf und grauslich mit den Pfannen herumschepperte. Außerdem löschte er das Herdfeuer aus, und das war früher nicht mehr so einfach zu entzünden wie heute, wo man Streichhölzer hat. Die Bäuerin wusste schließlich nicht mehr weiter und fragte in ihrer Verzweiflung eine weise Frau um Rat. Diese riet ihr, an der Stelle, an der vor undenklich langer Zeit bereits eine Kapelle gestanden hat, wieder eine zu erbauen. Die Bauersleute taten dies und hatten fortan Ruhe vor dem Schepperle.

Jakob Herkommer (1700), der Bau wurde jedoch erst nach einer Unterbrechung durch den Spanischen Erbfolgekrieg 1707 fortgesetzt. Die Stuckarbeiten wurden 1708 von M. Stiller angebracht.

Die Fresken im Langhaus sind von 1733, die an der Emporenbrüstung von 1739 und die Fresken im Chorgewölbe stammen aus dem 20. Jahrhundert. Der Hochaltar und das Tafelbild sind von 1714.

Die hölzerne Immaculata wurde Mitte des 18. Jahrhunderts geschnitzt, Kanzel und Seitenaltäre stammen aus dem ersten Viertel des 18. Jahrhunderts. Sehenswert sind noch der rotmarmorne Taufstein (1689), ein weiterer Grabstein von 1465, die aus dem 18. Jahrhundert stammenden Holzfiguren, die Kreuzwegstationen von Ende des 17. Jahrhunderts und das Chorgestühl aus dem ersten Viertel des 18. Jahrhunderts. Beim Maibaum steht noch ein Bildstock als Zeichen der Volksfrömmigkeit.

In Greith könnte man einen Blick auf die 1828 erbaute Kapelle der Heimsuchung Mariens werfen.

Der Altar ist von etwa 1700, das Tafelbild Maria Heimsuchung von Ende des 18. Jahrhunderts. Die beiden Holzfiguren stammen von etwa 1510. Außerdem sieht man hier einen Bildstock von 1462 mit achteckigem Fuß.

Der Bannwaldsee

14 BANNWALDSEE

Hegratsrieder See (865 m) – Bannwaldsee (786 m) – Kühmoossee

Ausgangspunkt:

Es gibt verschiedene „Einstiegsmöglichkeiten" in diese Rundwanderung, die Beschreibung geht davon aus, dass man in Bayerniederhofen bzw. Berghof startet.

Wegverlauf:
Man verlässt Bayerniederhofen in westlicher Richtung und wandert neben der Landstraße bis Pfefferbichl. Bei den ersten Häusern biegt man nach links in den Feldweg ein (rechts am Haus ein Schild für den verunglückten Marcus Kotz, gegenüber ein garagenähnliches Gebäude mit großen Toren).
Wer allerdings mit dem Rad bzw. zwischen 15. Dezember und 15. April (Wildruhezeit!) unterwegs ist, geht noch kurz neben der Straße weiter bis zum Moorbad am Kühmoossee, biegt hier in das Sträßchen nach links ein und gelangt über Greith zum Hegratsrieder See.
Ansonsten haben wir nach einigen Minuten nach links und zurück einen herrlichen Blick auf den Ort und seine Kirche. Der Weg verläuft bald in der „Schlucht" und zwischen typischen Moränenhügeln (Drumlings) und durch eine fast parkartige Landschaft mit einzelnen mächtigen alten Bäumen auf den Weiden. Auch auf die Berge hat man herrliche Aussichten. Nach einiger Zeit zieht der Weg hinab zum Hegratsrieder See, in dem man auch baden kann. Besonders idyllisch ist die kleine Hofkapelle auf dem Hügel neben dem See. Man biegt nach links ab. Bald taucht auch rechts der Forggensee auf. Nach einer ausgeprägten Linkskurve sieht man links dann schon den Bannwaldsee.
Der Weg senkt sich nun etwas und läuft auf ein Wäldchen zu. Davor nimmt man den nach links abbiegenden Weg. Er bringt uns in den kleinen Weiler Mühlberg. Zwischen den Häusern nehmen wir den nach links wieder hinausführenden Weg. Er bringt uns in die Büsche, überquert auf einer Brücke den Bach und führt uns weiter zum Bannwaldsee. Nun ist auch schon Bayerniederhofen angeschrieben. Der Weg verläuft – vorbei am Campingplatz – einige Zeit neben der Romantischen Straße.
Kurz vor dem Ort passieren wir ein Wassertretbecken, in dem man die heiß gelaufenen Füße etwas abkühlen kann; rechts davon sehen wir ein schönes Feldkreuz. Weiter geradeausgehend und mit schönem Blick auf die Kapelle St. Peter erreichen wir Bayerniederhofen.
Wenn man es noch nicht zu Beginn der Tour gemacht hat, sollte man jetzt zu der kleinen Kapelle St. Peter in Berghof aufsteigen, die nicht nur ein kunsthistorisches Kleinod ist, sondern auch eine prächtige Aussicht bietet.

Eine Schwan-Familie

15

HIRSCHBACHTOBEL

Zeit:	Rund 4 Stunden.
Höhenunterschied:	Rund 850 Meter.
Sonstiges:	Die Wanderung verläuft größtenteils auf Steigen. Trittsicherheit ist notwendig.
Einkehrmöglichkeit:	Hirschalpe.
Karte:	1:35 000, Zumstein Wanderkarte Nr. 3 Hindelang.
Literatur:	Zur Hirschalpe: Dr. Peter Nowotny: Wanderungen zu Allgäuer Alphütten. Kempten.

Ziel dieser Tour, die durch den wildromantischen Hirschbachtobel führt, könnte der Spieser sein. Er erhebt sich nördlich von Hindelang, wo er fast senkrecht aus dem Talboden empor steigt. Da allein stehend, ist er ein prächtiger Aussichtsberg. In unmittelbarer Nähe liegen das Wertacher Hörnle, der Grünten und der Sorgschrofen.

Man sieht aber noch weiter: Der Blick erstreckt sich vom Alpenvorland über das Illertal mit den dahinterliegenden Westallgäuer Bergen bis zu einem Großteil der Ober- und Ostallgäuer Bergwelt mit Hohem Ifen bzw. den Pfrontner Bergen. Weiter entfernt sind der Säntis, die Zugspitze und die Mieminger Berge.

Als Wanderung – auch mit Kindern, auf die man nur etwas aufpassen und mit denen man vielleicht nur den Tobel ohne Spieser besuchen sollte – eignet sich der Tobelweg zu fast jeder Jahreszeit: Er ist im heißen Sommer ein schattiger Genuss und an stürmischen Tagen ist man dort vor wilden Winden geschützt.

Im Hirschbachtobel sehen wir auch mächtige Wildbachverbauungen, die bereits 1905–07 und 1941–55 erstellt wurden. Herrlich malerische Szenerien mit steilen Felswänden, riesigen Steinbrocken, Strudeln und Strudel-

kessel und kleinen Wasserfällen sind zu sehen. Die Schönheit des Tobels ist schon lange bekannt, denn in einem der bekannten Führer des Bergverlages Rother wurde er vor langer Zeit einmal mit den folgenden Worten beschrieben: „Der Hirschbachtobel gehört zu den interessantesten und lohnendsten Partien in der Nähe Hindelangs".

Die Schlucht ist auch geologisch sehr interessant, da sie durch verschiedene Gesteinsschichten führt. Anfangs ist sie im so genannten Allgäuschiefer eingeschnitten, später folgen dünnbankige Malm-Kalkgebilde. Da diese härter sind und der Erosion mehr Widerstand entgegensetzen, ist die Schlucht hier viel enger geblieben und der Weg musste teilweise sogar aus dem Fels herausgesprengt werden. Danach folgen graue, steile Mergelwände der unteren Kreideformation und der beeindruckende Schlussteil führt durch hohe Dolomitmassen des Trias. Wer sich dafür interessiert: Vom Heimatdienst Hindelang wurde ein geologischer Lehrpfad mit 14 Tafeln angelegt.

Ausgangspunkt: Hindelang.

Wegverlauf:

Wir beginnen am östlichen Ortsausgang, wo kurz vor dem Gasthof „Letzter Heller", direkt vor der Brücke,

Tour 15 – Hirschbachtobel

ein bezeichneter Weg direkt am Hirschbach entlang führt. Wir brauchen uns nur an den Wegweisern zu orientieren, denn „Spieser" ist immer angeschrieben. Allerdings dürfen wir bei der zweiten Brücke nicht mit den Schildern „Bergwachtweg Wildbachtobel" nach rechts gehen, sondern müssen nach links über die Brücke weiterwandern. Es geht kurz hinauf, dann überqueren wir die nächste Brücke.

Nun wird der Weg immer abenteuerlicher. Etwa eine Stunde später erreichen wir die Wendeplatte eines Forstweges. Wer nur den Tobel besuchen wollte, kehrt hier wieder um. Ansonsten nehmen wir den links abgehenden Waldpfad. Kurz darauf folgen wir dem nach rechts abgehenden Weg zum Spieser. Wir steigen über einen lang gezogenen, grasigen Bergrücken steil hinauf. Bald sieht man auch den Gipfel locken.

Der Querweg, auf den wir nach einer Bergnase treffen, führt nach rechts zur Hirschalpe; hier könnte man einkehren und dann von der Alpe aus den Gipfel besteigen. Kürzer ist es jedoch, wenn wir uns links halten. Am nächsten scharfen Wegknick können wir entweder direkt nach oben zum nächsten Weg gehen, oder links abbiegen und gemütlicher hoch steigen. Wir folgen dann kurz dem nächsten Weg, auf den wir treffen, bis zur ausgeschilderten Abzweigung. Hier biegen wir nach rechts ab und erklimmen in steilem Bergauf, am Schluss durch etwas Wald, den 1649 Meter hohen Gipfel.

Zurück gehen wir denselben Weg.

Im Hirschbachtobel

Sie erholen sich mit ihrer Familie...
kkw druck
Druckzentrum Allgäu
KKW druckt für Sie
87437 Kempten
Heisinger Straße 17
mail: info@kkw-druck.de
fon: 0831/5750-310
fax: 0831/5750-360
Broschüren ■ Bücher ■ Bildbände ■ Zeitschriften ■ Prospekte
Geschäftsausstattungen ■ Mappen ■ Wanderkarten ■ Postkarten

16

HOPFENSEE

Hopfensee (784 m)

Volumen	max. Tiefe	max. Länge	mittlere Breite	Oberfläche	Umfang	Einzugsgebiet	Wassererneuerung
8,98 hm^3	10,4 m	2,5 km	0,78 km	194 ha	6,8 km	32,4 km^2	128 Tage

Zeit:	Rund 2 Std.
Höhenunterschied:	Rund um den See keiner, zur Burgruine etwa 100 m.
Länge:	Ohne Burgruine etwa 7 km, einschließlich Ruine etwas mehr.
Sonstiges:	Der Weg um den See kann ganzjährig begangen werden, zur Ruine nur, wenn der Schnee nicht allzu hoch liegt. Der Weg um den See kann auch mit Rädern befahren werden, sie und lustige „Tretobjekte", ein Mittelding zwischen Tretauto und Fahrrad, kann man sich auch am See ausleihen.
Bademöglichkeit:	Strandbad Hopfensee, Hopfenseestrand.
Einkehrmöglichkeit:	Hopfen, Gasthaus Wiesbauer.
Karte:	1:30 000, Zumstein Wanderkarte Nr. 1 Füssen.

Säuling, Ammergauer und Tannheimer Berge bilden den prachtvollen Hintergrund des Hopfensees, der „Riviera des Allgäus", wie er schon genannt wurde. Beim Rundweg hat man immer wieder einen herrlichen Blick auf diese Gebirgsumrahmung, den Vordergrund bilden der See und sein Schilfgürtel – ein zu jeder Jahreszeit prächtiges Bild.

Der Hopfensee, ein Toteissee, entstand in der letzten Eiszeit, der Würmeiszeit, als die Zungen der Lechgletscher die Erdoberfläche austieften. In den tieferen Geländepunkten blieben Restseen zurück, die heute die Ostallgäuer Seenplatte bilden. Der See ist etwa 2 Quadratkilometer groß und bis zu zehn Meter tief. Da er relativ flach ist, kann er Temperaturen bis zu 25°C erreichen und ist damit einer der wärmsten bayerischen Vorgebirgsseen. Sein Einzugsgebiet beträgt mehr als 30 Quadratkilometer, das Wasser wird vor allem von Westen von der Hopfenseer

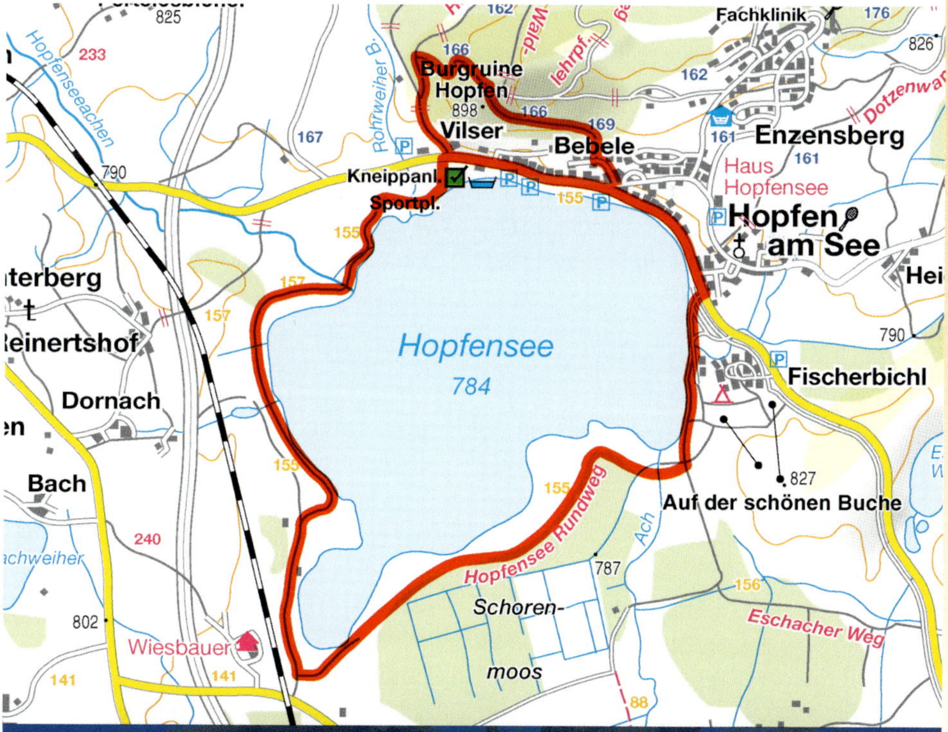

Tour 16 – Hopfensee

Hopfensee (784 m)

Ache gebracht. Das Wasservolumen beträgt etwa 9 Millionen Kubikmeter und wird rein rechnerisch alle 128 Tage ausgetauscht.

Der See besitzt ein Strandbad, aber auch frei zugängliche Uferflächen. Sein Wasser ist leicht moorig und daher angenehm beim Baden. Um den See herum befindet sich ein Landschaftsschutzgebiet, in dem Haubentaucher, Blässhühner, verschiedene Wildentenarten und Fischreiher leben, an Pflanzen findet man die weiße und gelbe Teichrose. In den Wiesen um den See herum gibt es die meisten der im voralpinen Bereich lebenden Pflanzen, besonders seltene Exemplare sind Trollblumen, Schlüsselblumen, Frühlingsenziane (Schusternägele) und Wollgras; zu den wertvollsten Exemplaren gehören die weiße Waldhyazinthe, die braune oder violette Sumpfstendelwurz, die wohlriechende Händelwurz oder der zweiblättrige Grünstendel.

Auch für Angler ist der Hopfensee ein Paradies, denn in ihm leben Aale, Aitel, Brachsen, Karpfen, Hechte, Schleien, Rotfedern und Zander.

Der Ort Hopfen am See wuchs im Laufe der Zeit aus verschiedenen Teilen zusammen und erhielt 1935 die amtliche Bezeichnung „Hopfen am See". 1948 setzte durch den beginnenden Tourismus ein Aufschwung ein. Wegen seiner schönen Lage wurde dem See der Beiname „Riviera des Allgäus" gegeben und seit 1968 besitzt der Ort das Prädikat „Luft- und Kneippkurort".

Interessant ist auch die Ruine Hopfen, die in aussichtsreicher Lage hoch über dem See thront. Die einst zweigeteilte Burg liegt auf einem nach drei Seiten steil abfallenden Bergplateau in 898 Meter Höhe, an das sich im Süden eine Terrasse anschließt. Die Hauptburg lag im Norden des Plateaus. Die große Anlage war von einer Ringmauer umgeben. Geschützt war sie zur Bergseite durch einen künstlich in den Kalksteinfels eingegrabenen Halsgraben. Die Vorburg lag nördlich der Anlage.

Erst wusste man nicht allzu viel von ihr, seit 1999 wird sie aber unter der Leitung des bekannten Burgenforschers Dr. Joachim Zeune von Freiwilligen ausgegraben und restauriert. Dabei kamen erstaunliche Erkenntnisse zu Tage. So ergrub man die aus dem 12. bis 14. Jahrhundert stammenden Reste eines viereckigen Turmes, einer Kapelle, des Küchentraktes und der Ringmauer. Auch Keramik von Anfang des 12. Jahrhunderts fand man. Dies spricht für eine frühe Burg, denn auch der Hopfener Ortsadel wurde 1146 erstmals erwähnt. Die Hopfener Burg könnte auch diejenige Burg gewesen sein, auf die sich in den Wirren des Investiturstreits 1078 der Augsburger Bischof Wigolt vor seinem Wider-

sacher König Siegfried II. in Sicherheit brachte. Dies sagt man allerdings auch von Schwangau. 1175 wurde ein Udalricus de Hopphe bei den Pfingstfeierlichkeiten der Welfen erwähnt.

Als die Zeit des Geschlechts der Welfen abgelaufen war, tauchten auch die Herren von Hopfen nicht mehr urkundlich auf. Die Burg kam an das Augsburger Hochstift, das hier sein Pflegamt einrichtete. Als dieses 1322 seinen Amtssitz nach Füssen verlegte, begann der Niedergang der Burg. Große Schäden gab es auch in den Jahren 1701/02, als man tausend Fuhren Baumaterial von der Burg für den Umbau des Klosters St. Mang nach Füssen brachte.

Ausgangspunkt: z. B. Hopfen am See.

Wegverlauf:

Man kann entweder in Hopfen parken, hier gibt es am Ostende einen gebührenpflichtigen Parkplatz, ansonsten im Ort auf zwei Stunden begrenzte Parkplätze. Dies würde also für eine Seeumrundung reichen. Wer sich jedoch Zeit lassen möchte, der findet am Westende, noch hinter dem Bad, einen kleinen, zeitlich unbeschränkten Parkplatz. Auch an der Landstraße in der Nähe des Gasthauses Wiesbauer kann geparkt werden.

Der Weg um den See ist nicht zu verfehlen, insofern benötigt man hierzu keine Beschreibung. Am schönsten ist die Runde, wenn man sie im Uhrzeigersinn geht, dann hat man auf der durch die Wiesen führenden Westseite immer einen prächtigen Blick zu den Ammergauer und Tannheimer Bergen, hervorstechend ist immer die markante Gestalt des Säulings. Auf der Ostseite geht man ein Stück durch ein lichtes Wäldchen. Etwa in der Mitte kann man zum Wiesbauer gehen und einkehren.

In Hopfen kann man noch einen Abstecher zur Ruine Hopfen machen. Dies ist auch ein schöner kleiner Ausflug für Leute mit Kindern oder für diejenigen, die aus anderen Gründen die größere Wanderung nicht unternehmen möchten.

Außer der Ruine bietet sich vom Burgplatz aus eine prächtige Aussicht. Hierzu biegt man westlich des Hauses der Raiffeisenbank bzw. der Touristinfo nach rechts (Norden) in den Burgweg ein. Er bringt einen, bald als Pfad, steil hinauf zur Ruine.

Anschließend gehen wir in derselben Richtung weiter und in einigen Windungen hinab. Am Schluss zieht der Weg nach links und vorbei an einem Gehöft erreichen wir wieder die entlang des Sees ziehende Landstraße. Von hier aus kann man entweder nach links zurückgehen oder zum See-Rundweg gelangen und die Umrundung fortsetzen (oder beginnen).

17 LEYBACHTOBEL

Zeit:	Rund 5–6 Std.
Höhenunterschied:	Rund 700 m.
Länge:	Rund 15 km.
Sonstiges:	Auch wenn die Wanderung alpinistisch einfach ist, berggeeignetes Schuhwerk und Kleidung sollten zur Ausrüstung gehören.
Karte:	1:30 000, Zumstein Wanderkarte Nr. 4f Fischen.

Zu den bekanntesten im an Tobeln nicht gerade armen Allgäu gehört er sicherlich nicht, der Leybachtobel oberhalb von Altstädten. Dafür ist er aber auch nicht überlaufen und kostenlos zu begehen. Die Wanderung führt – mit prächtiger Aussicht auf die Allgäuer Berge und in das Illertal – nach dem Tobel weiter durch Wälder und Wiesen.

Ausgangspunkt: Altstädten.

Wegverlauf: In Altstädten folgen wir dem Straßenschild „Beilenberg". Wo die Straße nach links zieht, gehen wir geradeaus weiter zum Schwimmbad und behalten auch dort unsere Richtung bei. „Leybachtobelweg 5" ist ausgeschildert. Es geht nun immer aufwärts, zum Teil auf Holztreppen und vorbei an einigen künstlichen Wildbachverbauungen, aber auch an natürlichen Wasserfällen und mächtigen Felsen.

Oberhalb des mehrterrassigen Wasserfalls treffen wir ein Sträßchen; wir folgen ihm und zweigen nach hundert Metern nach rechts ab („Leybachtobelweg 3 5"). Bald treffen wir auf mehrere Wege; wir wandern links des Baches weiter, können aber nach rechts über den Bach einen kurzen Abstecher zu einer aussichtsreichen Wiese machen („Rundblick 3 6").

Der Weiterweg ist mit „Tobelweg" beziehungsweise „Altstädter Hof" und roten Punkten gekennzeichnet – im Prinzip geht es immer nach oben, am Schluss auf einem Almsträßchen.

Oberhalb des Altstädter Hofes folgen wir dem weiter aufwärts führenden Sträßchen erst in Richtung „Sonnen-

köpfe", bei der Verzweigung nach der Linkskurve geradeaus in Richtung „Strausberg".

An der Wendeplatte müssen wir nach links hinab zu einem Durchgang durch den Weidezaun gehen. Auf der anderen Seite des Bergrückens überrascht uns ein herrlicher Blick in das Hochtal der Strausbergalpe und nach rechts zum Imberger Horn. Etwas später kommt noch der Blick auf das mächtige Daumenmassiv dazu.

Unser Pfad zieht nach rechts hinab zu einem Almweg, wir folgen ihm nach rechts und biegen kurz darauf nach links ab. Wir wandern nun am Ende des Talschlusses entlang.

Bei einer Verzweigung halten wir uns links in Richtung „Imberg 2". Bald kommt links die bewirtschaftete Strausbergalpe. Hier biegen wir nach links ab in Richtung „Imberg". Es geht nun immer abwärts, bald auf einem Asphaltsträßchen. Nur einmal können wir es, der Beschilderung folgend, abkürzen.

Am Ortsende von Imberg steht eine Kapelle, hier weist uns ein Schild nach links nach „Margarethen". Es geht hinab zum Bach und dahinter wieder etwas hinauf.

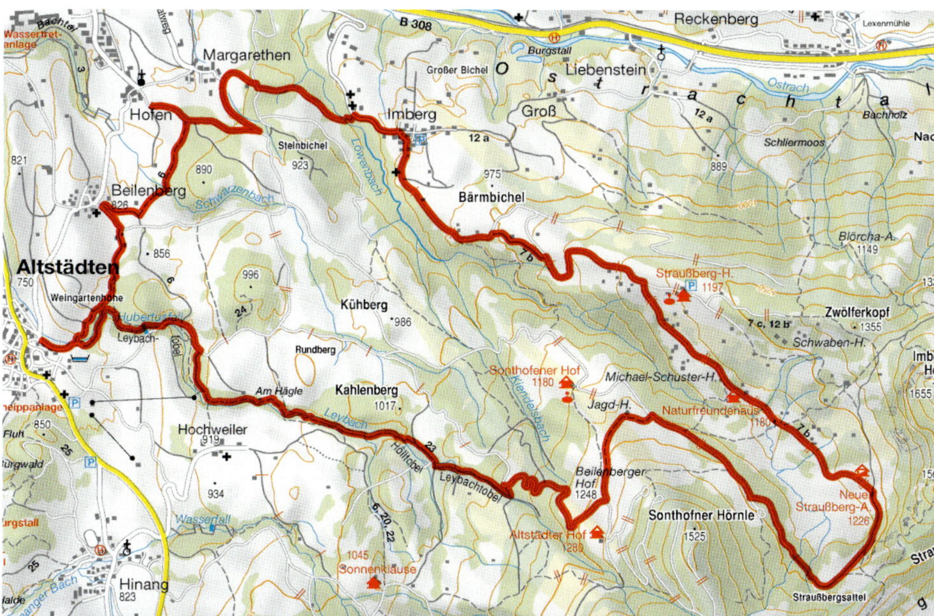

Tour 17 – Leybachtobel

17 LEYBACHTOBEL

Wir gehen nicht in den Ort hinein, sondern lassen ihn rechts liegen, uns an der Richtung „Sonnenköpfe" orientierend. Es geht nun wieder kurz bergauf, an der Grenze des militärischen Bereichs gehen wir nach rechts hinab in Richtung „Hofen". Kurz vor dem Waldende werden wir hier nach links in Richtung „Beilenberg" verwiesen. Wir wandern nun auf einem Pfad am Waldrand entlang bis zu einem Schotterweg, der uns nach rechts zum Ort bringt. Nach dem ersten Haus gehen wir aber bereits wieder nach links in Richtung „Altstädten"; an der Verzweigung nach hundert Metern halten wir uns rechts. Bald kommen wir wieder in den Wald. Kurz nach dem Bienenhaus folgen wir dem Schild „3" nach rechts über die Brücke. Nach wenigen Minuten bietet sich uns ein prächtiger Blick auf Altstädten, an der Bank gehen wir nach links hinab zum Schwimmbad und dort nach rechts wieder zurück in den Ort.

Im Leybachtobel

NESSELWANGER WASSERFALL

18

Zeit: Rund 1–2 Std, je nachdem.

Höhenunterschied: Rund 200 m, je nachdem.

Sonstiges: Gut ausgebaute Steige und Treppen, fast ständig im schattigen Wald.

Karte: 1:30 000, Zumstein Wanderkarte Nr. 2 Nesselwang.

Literatur: Zur Kappeler Alpe: Dr. Peter Nowotny: Wanderungen zu Allgäuer Alphütten. Kempten. Zur Ruine Nesselburg: Dieter Buck: Burgen und Ruinen im Allgäu. Stuttgart, 2002.

Der etwa neunzig Meter hohe Nesselwanger Wasserfall ist eine prächtige Natursehenswürdigkeit und ein gerne besuchtes Ausflugsziel.

Er stürzt in mehreren Stufen kaskadenförmig herab. Wer ihn besucht, steigt auf gut ausgebauten und gepflegten Treppenstufen empor.

Früher trieb das Schlossbächle mit der Leinölmühle, der Oberen, Mittleren und Unteren Mühle (jeweils Mahl-, Säge- und Pleumühle), der Hammerschmiede und der Lohmühle sechs Mühlen. Sein kristallklares Gebirgswasser dient auch zur Herstellung von Bier in den Nesselwanger Brauereien. Deshalb besteht am Fuß der Bärenhalde eine Quellfassung.

Die Reserve liegt oberhalb des Hanges, um ausreichende Druckverhältnisse zu erzielen. Diese Reserve auf der Bärenhalde stammt von 1898 und fasst rund 30 m^3, dazu kommt noch die Reserve mit zwei mal 75 m^3 an der Maria-Trost-Allee.

In der Maria-Trost-Allee stand auch ein Eisgerüst der Post-Brauerei. Es war ein Balkengerüst mit oben angebrachten Wasserdüsen. An ihm bildeten sich im Winter große Eiszapfen, die man abschlug und über eine lange hölzerne Rutsche in den Keller transportierte. Dort musste das Eis das ganze Jahr über den Keller kühlen, außerdem versorgte man mit ihm die Eiskühlschränke der Wirte. Heute wird das hauptsächlich der Kühlung dienende Brauchwasser für die Post-Brauerei im Bereich des Wasserfalls gefasst.

Der Wasserfallweg wird jedoch nicht nur um seiner selbst willen gerne begangen: Weitere Attraktionen in der Nähe sind die Ruine Nesselwang und die Wallfahrtskirche Maria Trost, die man aufsuchen kann, wenn einem die Besichtigung des Wasserfalls zu wenig ist. Von der Ruine Nesselburg sieht noch einige Mauerreste und die sieben Meter hohe Schildmauer. Die Wallfahrtskirche Maria Trost wurde 1725 erbaut und besitzt ein beachtenswertes Deckengemälde mit einer Darstellung der vier (!) damals bekannten Erdteile, außerdem verschiedene prächtige Altäre.

Vor der Kirche steht ein mächtiger Baum mit einem schönem Kruzifix, hier hat man auch eine schöne Aussicht nach Osten zum Ammergebirge. Der zur Kirche führende Kreuzweg stammt von 1842 und ist mit Bildern von J. A. Keller geschmückt.

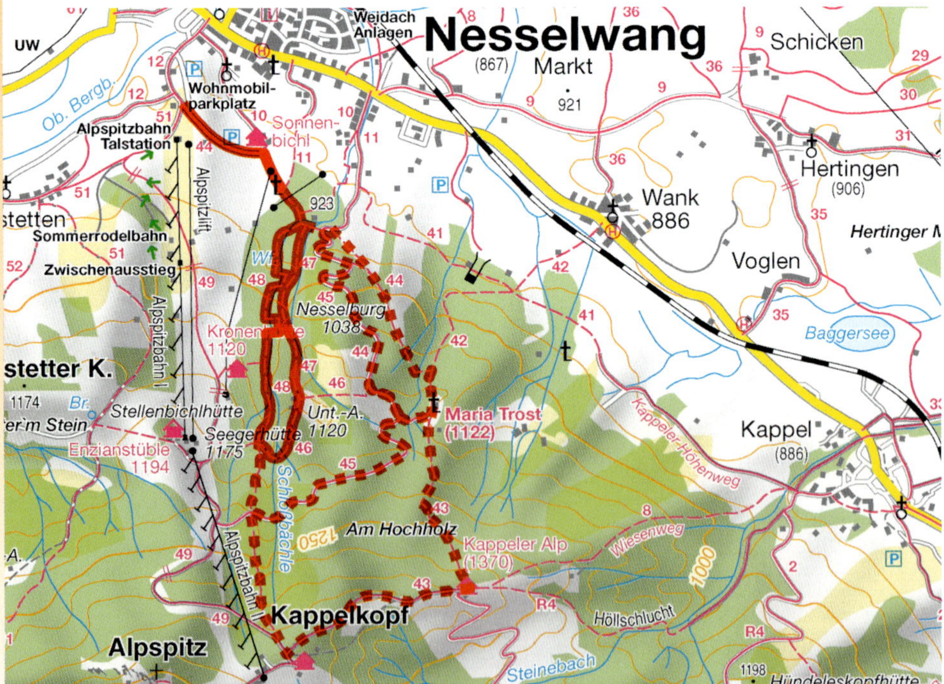

Tour 18 – Nesselwanger Wasserfall

Ausgangspunkt:
Parkplatz hinter der Talstation der Alpspitzbahn.
Wegverlauf: Wir folgen an der Talstation dem Sträßchen bis kurz vor seinem Ende, wo man auch parken kann. Ab hier spazieren wir durch die prächtige Baumallee mit der St. Wendelin gewidmeten Kapelle, später mit der ersten Kreuzwegstation – man merkt, Maria Trost ist in der Nähe – zum Wald. Hier halten wir uns auf Weg 48 nach rechts zum Wasserfall und steigen so weit wir möchten hoch.

Anschließend gehen wir auf demselben Weg zurück. Wir können aber auch auf dem etwas östlich verlaufenden Weg über die Ruine Nesselburg wieder absteigen. Damit wird man jedoch noch nicht ausgelastet sein. Eine Möglichkeit wäre, unten den Kreuzwegstationen auf Weg 44 nach Maria Trost zu folgen. Es geht, vom Anmarschweg gesehen, kurz nach links, hier kommt der o. e. Weg von der Ruine Nesselburg zurück.

Wir folgen aber weiter dem nach links führenden Weg, vorbei an einer weiteren Kreuzwegstation. Nach kurzem Anstieg überqueren wir ein Fahrsträßchen. Wir steigen hinter ihm weiter den Kreuzweg hoch zur Wallfahrtskirche. Zurück nehmen wir besser den Fahrweg.

Wer möchte, steigt entlang des Wasserfalls noch weiter auf. Man kann bei einem querenden breiteren Weg nach links abbiegen nach Maria Trost, oder man geht hoch bis zum Sportheim Böck, von wo aus man nach links zur Kappeler Alm und von ihr hinab nach Maria Trost geht.

Die Alpspitz-Sommerrodelbahn

19 NIEDERSONTHOFENER SEEN

Niedersonthofener Seen (703 m)

Volumen	max. Tiefe	max. Länge	mittlere Breite	Oberfläche	Umfang	Einzugsgebiet	Wassererneuerung
14,82 hm^3	21,3 m	4,54 km	0,36 km	162 ha	11,3 km	22,8 km^2	231 Tage

Zeit:	Seerundweg etwa 2 Std.
Höhenunterschied:	Seerundweg etwa 60 m, Erweiterung über Hupprechts zusätzlich etwa 80 m.
Länge:	Seerundweg etwa 8 km.
Sonstiges:	Badegelegenheiten und Liegewiesen bei Niedersonthofen und am Seehof bei Kurzberg. Wer möchte, kann auch mit dem Rad fahren, was insbesondere dann reizvoll ist, wenn man die Erweiterung mit einbezieht. Man muss dann nur auf dem schmalen Weg durch das Waldstück zwischen Niedersonthofen und dem Seehof Rücksicht auf die Wanderer nehmen.
Einkehrmöglichkeit:	Seehof, Insel, Niedersonthofen.
Karte:	1:105 000 Freizeiterlebniskarte Allgäu, AVA Verlag.

Die Niedersonthofener Seen sind nacheiszeitliche Seen, die sich nur deshalb erhalten konnten, weil sie keinen Schutt bringenden Schmelzwasserzulauf hatten. Sie bestehen aus einer Reihe kleineren Seen, die miteinander

verbunden sind: dem eigentlichen Niedersonthofner See mit dem Oberen Inselsee, dem Mittleren Inselsee und dem Unteren Inselsee.

Die Seen bieten einen ganzheitlichen Lebensraum für ein vielfältiges Artenspektrum, darunter auch seltene und geschützte Arten. Die Umgebung ist seit 1970 als Landschaftsschutzgebiet ausgewiesen.

Eigentümer ist der Zweckverband Erholungsgebiet Kempten und Oberallgäu, die Inselseen befinden sich teilweise in Privatbesitz. Die Seen besitzen eine Wasseroberfläche von 162 Hektar, einen Umfang von 11,3 Kilometer und ein Wassereinzugsgebiet von 22,82 km^2. Die mittlere Abflussspende beträgt 0,3 m^3/s, die Wassererneuerungszeit 231 Tage. Die Seen sind durchschnittlich 9,15 Meter tief, wobei die größte Tiefe 21,3 Meter beträgt. Die Seen sind das größte Oberallgäuer Brutgebiet des Haubentauchers, aber auch weitere an Ufern lebende Vögel wie Wiesenpieper oder Teichrohrsänger sind hier zu finden. Sie sind auch ein wichtiges Durchzugs- und Rastgebiet für nördliche Wasservögel. Das Gebiet um die Seen ist eine typisch eiszeitliche Landschaftsform und stellt den Rest einer einst größeren und zusammen-

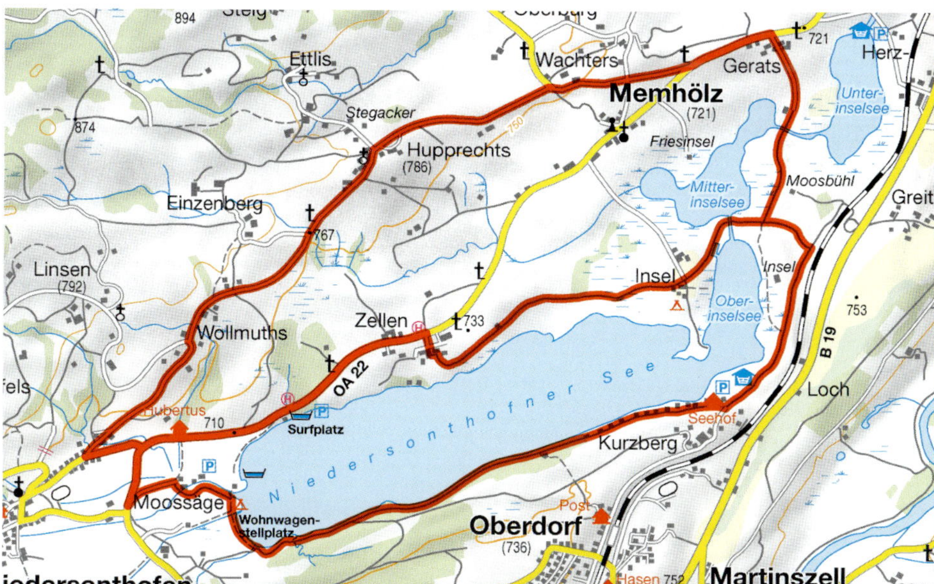

Niedersonthofener Seen (703 m)

hängenden Seenplatte dar, die aber weit gehend verlandet bzw. ausgelaufen ist.
Das Gewässer stammt aus dem Alt-Pleistozän, wobei das Becken vielleicht bereits in früheren Eiszeiten vorhanden war. Seine Basis besteht aus Moränen und Seetonablagerungen.
Im Uferbereich vermutet man Siedlungen aus den Eiszeiten.
An den Niedersonthofener Seen kann man schwimmen, rudern, angeln, segeln und surfen, außerdem stehen den Badegästen große Liegewiesen kostenlos zur Verfügung. Für Wanderer gibt es einen landschaftlich reizvollen Fußweg rund um den See.

Ausgangspunkt:

Parkmöglichkeiten gibt es in Niedersonthofen, beim Seehof in Kurzberg, bei Insel und zwischen Zellen und Niedersonthofen.

Wegverlauf:

Für den Seerundweg benötigt man keine Beschreibung, er ist überall ausgeschildert. Empfohlen wird eine Umrundung entgegen des Uhrzeigersinns. Man kann die kurze Wanderung aber noch erweitern. Nach dem Seehof zieht der Weg etwas aufwärts, bevor er nach dem links liegenden Hof nach links in Richtung „Insel" abknickt. Es geht etwas hinab, dann biegt man nach rechts ab nach „Gerats"; hier hält man sich auf der Straße links, biegt aber gleich darauf nach rechts ab in Richtung „Hupprechts".
Es geht hinauf und wo die Straße nach etwa einem halben Kilometer nach rechts zieht, behalten wir unsere Richtung bei. Wir durchqueren Hupprechts, danach geht es wieder hinab. Über Wollmuths kommen wir hinab nach Niedersonthofen, wo wir uns vor der Kirche links halten zum See.

Der Niedersonthofner See

RAPPENSEEN

Rappenseen (2047 m bzw. 2091 m)

Zeit:	Etwa 7–8 Std.
Höhenunterschied:	Rund 1200 m.
Länge:	Rund 16 km.
Sonstiges:	Man geht anfangs auf einem befestigten Weg, später auf Pfaden. Aufpassen sollte man wegen der steilen Grashänge.
Karte:	1:30 000, Zumstein Wanderkarte Nr. 4 Oberstdorf.

Die unterhalb des Hochrappenkopfes liegenden Rappenseen zählen zu den bekanntesten Bergseen des Allgäus, viel fotografiert und viel besucht. Sicherlich liegt dies auch an der nahegelegenen Rappenseehütte, die ein beliebter Ausgangspunkt für Touren aller Art ist. Die Hochmulde mit der Rappenseehütte am Nordrand umfasst etwa einen halben Quadratkilometer. Dieses Kar war einst völlig begrünt und in den Eiszeiten das Becken eines mächtigen Gletschers; sein Rest ist der etwa 20 000 m^2 große und acht Meter tiefe Große Rappensee. Direkt bei der Hütte liegt der Kleine Rappensee (209 m), etwas weiter südlich der etwa 250 Meter lange Große Rappensee (2046 m). See und Hütte bieten sich auch als Ausgangspunkt für verschiedene Bergtouren an, der See eignet sich aber auch als Tagesziel für Wanderer, die am selben Abend wieder zurück ins Tal wollen. Dies ist jedoch eine sehr lange Tour, so dass es empfehlenswert ist, eine Übernachtung einzuplanen. Besonders schön ist die Abendstimmung am See, die man allerdings nur erleben kann, wenn man in der Hütte nächtigt!

Ausgangspunkt:

Talstation der Fellhornbahn.

Wegverlauf:

Für die Wanderung zum Rappensee gibt es verschiedene Möglichkeiten, die teilweise auch mit einer Kombination Rad/Wanderung durchgeführt werden können.

Rappenseen (2047 m bzw. 2091 m)

Vom großen Parkplatz der Fellhornbahn aus geht man zurück ins Stillachtal und hält sich hier nach Süden. Am besten nimmt man den Weg, der kurz darauf links des Sträßchens verläuft. Man geht vorbei an Anatswald und über Birgsau nach Einödsbach. Bis hierher kann man auch mit dem Rad fahren, für das man sich in Einödsbach eine Abstellmöglichkeit

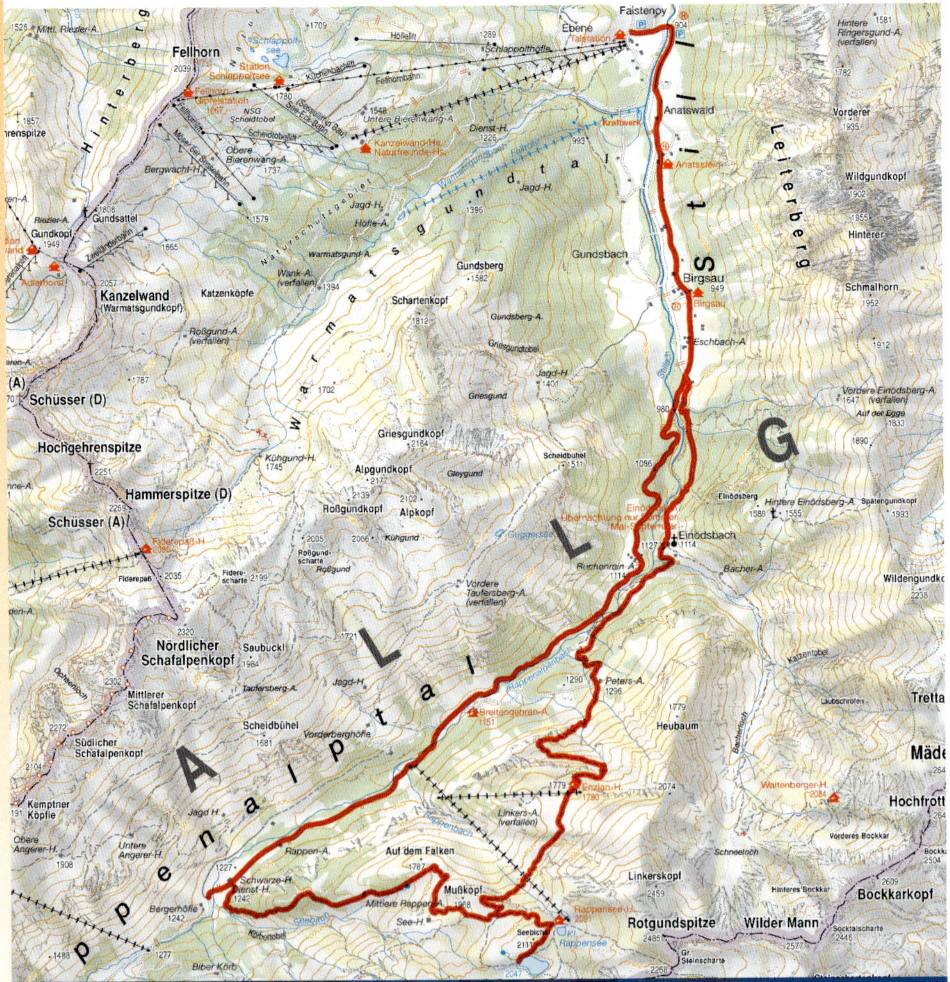

sucht. Ab hier wandert man auf einem Steig über die Peters-Alm und die Enzian-Hütte hoch zur Rappensee-Hütte.

Eine andere, allerdings noch etwas weitere Möglichkeit ist, wenn man kurz hinter der Eschbach-Alp wieder das Talsträßchen durch das Rappenalptal benützt.

Man kann dann zwischen Rappen-Alp und Bergerhöfle nach links hochsteigen. Der Eselsweg führt oberhalb des Gehörbetobels (Körbertobel) und über die Mittlere Rappen-Alp zum See. Oder man geht noch etwas weiter, entlang des Haldenwanger Bachs und steigt dann über den Schrofenpass auf, umrundet den Grüner und wandert über die Obere Biber-Alp und die Schaf-Alp zum Rappensee.

Von der Hütte aus kann man zum 2110 Meter hohen Seebühel gehen, der einen schönen Ausblick bietet. Ein weiteres Ziel ist der Mußkopf.

Einödsbach

21

ROTTACHSEE

Rottachsee (850 m)

Volumen	max. Tiefe	max. Länge	mittlere Breite	Oberfläche	Umfang	Einzugsgebiet	Wassererneuerung
25,4 hm^3	35 m	4,8 km	0,62 km	296 ha	–	29,8 km^2	274 Tage

Zeit: Rund 4 Std.

Höhenunterschied: Rund 100 m.

Länge: Rund 13 km.

Sonstiges: Gut zu gehende Wege. Man kann diese Wanderung auch mit dem Rad unternehmen, dann ist sie ein schöner Ausflug für Kinder.

Bademöglichkeit: Verschiedene im See.

Einkehrmöglichkeit: Petersthal, Kiosk in der Freizeitanlage Bisseroy.

Karte: 1:30 000, Zumstein Wanderkarte Nr. 2 Nesselwang.

Der im Jahre 1992 nach vielen Widerständen in Betrieb genommene Rottachstausee sieht heute aus wie ein von Natur aus in die Landschaft eingebetteter See. Umgeben von mittleren Höhenzügen, in der Ferne der grüßende Grünten und auf der einen Seite die Zwiebelkuppel der Petersthaler Kirche, auf der anderen Seite die von Moosbach, ergibt er ein durchwegs liebliches Bild.

Alles ist an diesem See möglich: Wandern, Rad fahren, Baden – z. T. kostenlos – Surfen und Segeln. Die hier vorgeschlagene Wanderung kann genauso gut mit dem Rad durchgeführt werden, vor allem mit Kindern ist sie dann interessanter, denn deren Sache

ist es ja nicht, stundenlang zu wandern. Dann hat man auch genügend Zeit für Pausen.

Die Umgebung des Sees diente als Streuwiesen, der Jagd und Fischerei, extensiver Forstwirtschaft und in geringem Umfang der Torfgewinnung. Die Feuchtflächen im Rottachtal stellten das größte zusammenhängende Streuwiesengebiet im Oberallgäu dar. Beim Bau wurden wertvolle Streuwiesen mit Orchideenbeständen auch umgesetzt, um sie vor der Überflutung zu retten.

Die Geschichte des Sees reicht lange zurück, denn bereits im Jahr 1904 hatte man Pläne, das bereits damals als besonders schützenswert angesehene Rottachtal zum Zwecke der Regulierung der Wasserführung der Iller zu bebauen und 1919 war erstmals ein „Rottachwerk als Mangelzeitenwerk" im Gespräch. Wieder aufgenommen wurden die Pläne 1963 und 1984 konnte mit dem Bau begonnen werden. Der Grund war, dass es in niederschlagsarmen Zeiten immer wieder zu geringen Abflüssen in Iller und Donau kam und man einen Vorratsspeicher schaffen wollte, um die beiden Flüsse in Niedrigwasserperioden zu

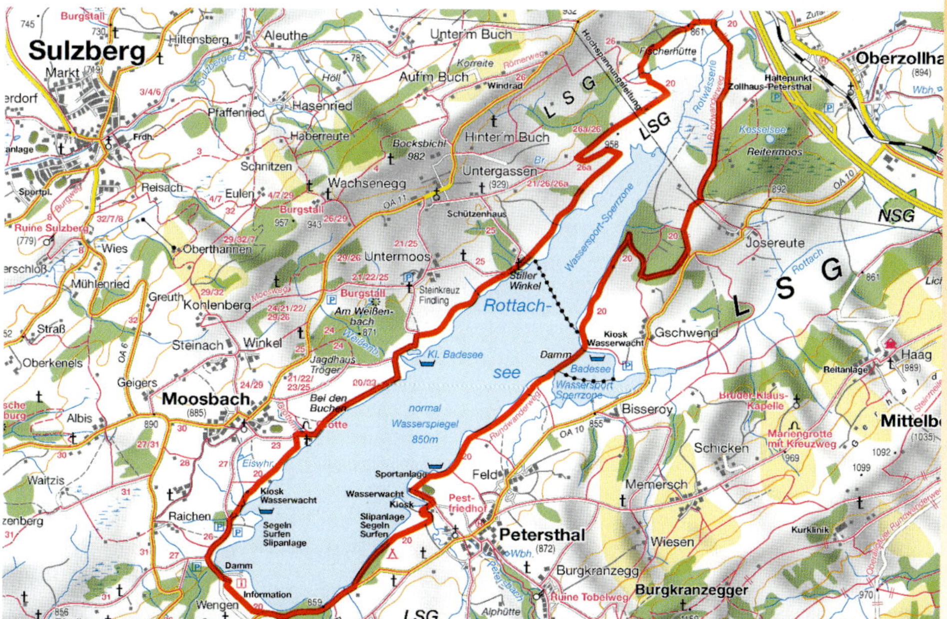

versorgen. Hierzu kann der Stauspiegel des Rottachsees um bis zu zehn Meter abgesenkt werden. Die Uferflächen des Sees gehören zu den Gemeinden Oy-Mittelberg und Sulzberg. Die Rottach entspringt bei Oy, nimmt das Rotwässerle auf und mündet zwischen Immenstadt und Kempten in die Iller. Während der Oberlauf ein weites Tal mit Wiesen und Wäldern ist, besitzt der Unterlauf zwischen der Sperre und der Mündung einen schluchtartigen Charakter. Der See liegt in einem aus den Eiszeiten stammenden Becken, dessen Sohle mit bis zu 15 Meter mächtigen Ton-Schluff-Sedimenten bedeckt ist. Beim Bau wurde der Torf, der sonst überflutet worden wäre, abgetragen und teilweise direkt den Staatsbädern in Nordbayern zur Verfügung gestellt. Für den Verlust an Feuchtbiotopen wurden Ausgleichsmaßnahmen von gleicher Größe (67 Hektar) vorgenommen. Dabei wurden Streuwiesen und andere schützenswerte Vegetationskomplexe verpflanzt.

Rottachsee

Er dient:

- **als Hochwasserschutz (3,1 Mio. m³)**
- **zur Stromgewinnung**
- **zum Ausgleich des Wasserhaushalts von Iller und Donau.**

Niederschlagsgebiet:	**29,75 m²**
Seefläche bei Normalstau:	**296 ha**
Nutzinhalt:	**19,65 Mio. m³**
Hochwasserschutzraum:	**3,1 Mio. m³**
Länge:	**4,8 km**
Breite:	**0,9 km**
Dammhöhe über Gründungssohle:	**42,7 m**
Dammlänge:	**190 m**
Mittlerer Abfluss:	**1,05 m/s**
Stauziel:	**850 m**
Gesamtbaukosten:	**etwa 43 Mio. Euro**
Je m³ Stauraum:	**etwa 1,50 Euro**

Ausgangspunkt: Petersthal.

Wegverlauf:
Hinter der Kirche von Petersthal besteht eine Parkmöglichkeit. Von der Kirche aus gehen wir hinab in Richtung See, kurz zuvor werden wir mit dem Schild „Seerundweg" jedoch nach links verwiesen. Diesem Schild folgen wir nun rings um den See, der Weg kann im Prinzip nicht verfehlt werden. Gleich danach treffen wir auf den Segelplatz, hier geht es etwas nach links oben versetzt weiter. Kurz darauf stoßen wir auf die Straße, neben der der Wanderweg verläuft. Rechts sehen wir eine schöne, idyllische Ecke des Sees mit unberührter Natur, die aber nicht betreten werden darf. An der querenden Straße gehen wir nach rechts über den Damm, hinter ihm biegen wir nach rechts ab. Bald stoßen wir auf eine Bademöglichkeit. Im Prinzip geht es nun immer am Seeufer entlang, manchmal auch etwas weiter weg. Nach einiger Zeit folgt noch eine Bademöglichkeit.
Nach einiger Zeit zieht der Weg nach links oben bis zu einem querenden Weg, hier halten wir uns rechts. Wir spazieren nun hoch über dem endenden See. Schließlich knickt der Weg nach rechts ab und zieht bald noch einmal nach rechts. Hinter dem Scheune sehen wir einen großen Findling, kurz danach erreichen wir den Wendepunkt. Nun steigt der Weg an.
Wo er bei den Stromleitungen nach links abknickt, halten wir uns rechts, gleich am Waldrand noch einmal. Es geht dann nach links in den Wald und bald nach rechts hinab zum See. Nun wandern wir wieder am Seeufer entlang.
An der Freizeitanlage Bisseroy besteht eine Einkehrmöglichkeit. Es geht noch ein Stück weiter, dann können wir wieder nach links hoch nach Petersthal gehen.

Der Rottachsee

22 SAMEISTERWEIHER

Sameisterweiher (775 m)

Volumen	max. Tiefe	max. Länge	mittlere Breite	Oberfläche	Umfang	Einzugsgebiet	Wassererneuerung
0,72 hm^3	4,5 m	0,85 km	0,4 km	34,1 ha	2,7 km	5,6 km^2	–

Zeit: Rund 2–3 Std.

Höhenunterschied: Rund 150 m.

Länge: Rund 13 km.

Sonstiges: Die Wanderung verläuft auf befestigten Wegen und Sträßchen, kurze Stücke auch auf Naturwegen.

Der Sameisterweiher ist der größte einer kleinen „Seenplatte", zu der noch der Kinsegger und der Langenwalder Weiher gehören. In der Nähe liegt auch der Schmutterweiher, den man bei dieser Wanderung aufsuchen kann und der zum Baden einlädt.

Ausgangspunkt: Lechbruck.

Wegverlauf:
Wir gehen vom Rathaus aus auf der Schongauer Straße nach Süden. Bald zieht sie nach rechts, während die Straße nach Steingaden nach links abgeht. Wir spazieren aber weiter nach rechts auf der Füssener Straße (Autoschild „Füssen") etwas hinauf und biegen da, wo es eben wird, nach links in die Straße Am Falchen ein. Auf dieser Straße bleiben wir. Sie zieht allmählich nach rechts und führt uns am Ortsrand entlang.
Hier haben wir auch schöne Blicke auf die hügelige Moränenlandschaft im Vordergrund und die Ammergauer, Tannheimer und Allgäuer Bergwelt im Hintergrund.
Nach dem letzten Haus kommen wir in den Wald, wo wir immer auf dem bewaldeten Kamm bleiben und den roten Punkten folgen. Nach einiger Zeit verlassen wir den Wald, nun geht es ein kurzes Stück auf einem Weg durch die Weiden, dann werden wir mit dem Schild „Rehle Rundweg" aber

wieder nach rechts in den Wald verwiesen.

Ab Unterschlicht wandern wir wieder auf einem Sträßchen. Der Weg zieht etwas nach rechts und wer möchte, kann den Abzweig nach links zum Schmutterweiher nehmen und von ihm aus nach Sameister gehen. Ansonsten kommen wir auf die ehemalige Via Claudia, heute ein beliebter Radweg. Wir halten uns hier links und an der nächsten Kreuzung nach rechts nach Sameister, wo wir einen Blick von außen auf die berühmte Kapelle werfen können.

Anschließend wandern wir links der Wirtschaft weiter. Es geht nun nach Norden und zum Gut Kinsegg, durch das wir nach rechts hindurchgehen. Links davon liegt der Kinsegger Weiher. Nach

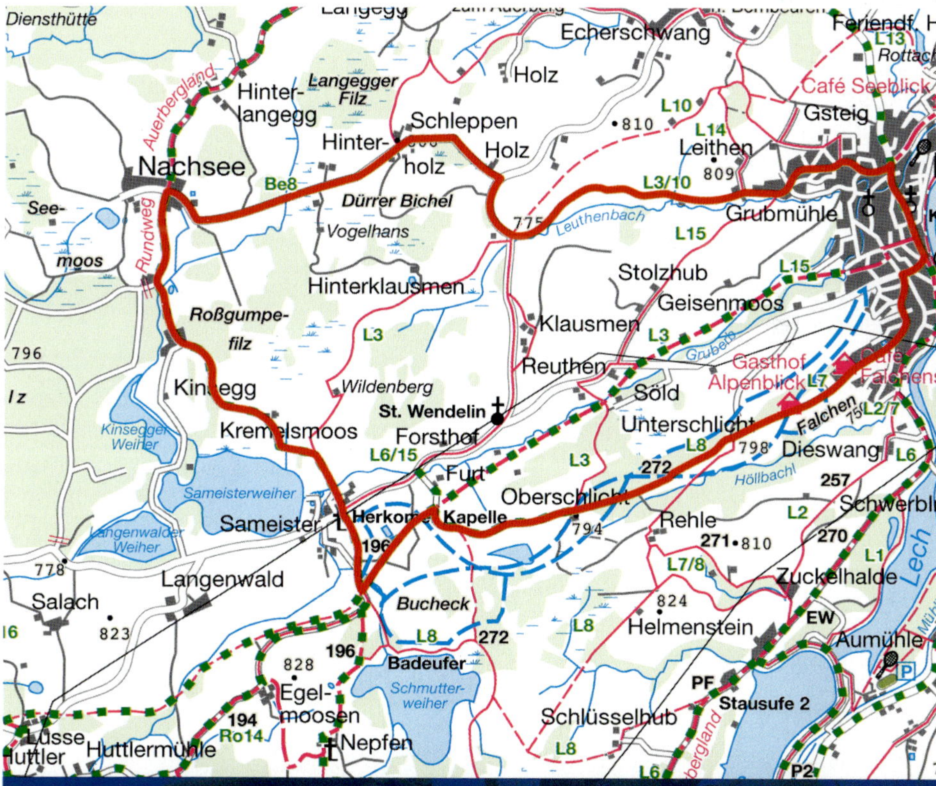

Tour 22 – Sameisterweiher

einiger Zeit erreichen wir Nachsee, wo wir nach rechts abbiegen. Nach Hinterholz zieht die Straße nach rechts. Wir kommen an dem Anwesen Holz vorbei und treffen auf eine querende Straße, der wir nach rechts folgen. Etwas später biegen wir an einem Schuppen nach links in Richtung „Lechbruck" ab. Bald darauf durchqueren wir die Golfanlage Gsteig und erreichen danach die ersten Häuser von Lechbruck. Nach wenigen Häusern verzweigt sich die Straße, wir nehmen den rechten Weg („Am Leuthenbach Branach ..."). Am Bach entlang kommen wir zu einer Querstraße, hier halten wir uns rechts, dann gleich wieder links in den Mühlweg.

Er führt uns an der Kirche vorbei und links des Baches geradeaus bis zur Durchgangsstraße, der Schongauer Straße, die uns nach rechts zum Rathaus zurück bringt.

Der Sameisterweiher

Weidendes Allgäuer Braunvieh am Sameisterweiher

23 SCHLAPPOLDSEE

Schlappoldsee (1719 m)

Zeit:	Rund 3–4 Std., bei der langen Tour bis zu 6 Std.
Höhenunterschied:	Aufstieg im Wesentlichen nur von der Bergstation zum Gipfel (etwa 70 m), ansonsten bergab.
Sonstiges:	Gut gepflegte Wege, die jedoch nicht darüber hinwegtäuschen dürfen, dass wir uns in alpinem Gelände mit Steilabbrüchen befinden. Man sollte also auf jeden Fall schwindelfrei und trittsicher sein, auch berggeeignetes Schuhwerk sollte selbstverständlich sein. Bei einer Version der beschriebenen Touren ist bergsteigerische Erfahrung nötig.
Einkehrmöglichkeit:	Schlappold-Alpe, Bergstation.
Karte:	1:30 000, Zumstein Wanderkarte Nr. 6 Oberstdorf.
Literatur:	Zur Schlappold-Alpe: Dr. Peter Nowotny: Wanderungen zu Allgäuer Alphütten. Kempten.

Der Schlappoldsee liegt in herrlicher Berglage unterhalb des Fellhorns. Dieses wird als einer der schönsten Blumenberge Deutschlands bezeichnet. Man findet Geschnäbeltes Läusekraut, Aurikel, Silberwurz, Trauben- und Fetthennen-Steinbrech, Brillenschötchen, Alpen-Distel, Zottiges Habichtskraut und Mondraute, auf nährstoffreichem Boden Rostseggenrasen, Süßklee, Gestutztes und Durchblättriges Läusekraut, Alpen-Aster, Mutterwurz, Strauß-Glockenblume, Kugelorchis, Siegwurz, Einköpfiges Ferkelkraut, Schabenkraut-Pippau, gelbblühende Tragantarten, Alpen- und Narzissenblütiges Windröschen und Alpen-Heckenrose. Kommt man in tiefere Lagen, wachsen Blauer und Wolfs-Eisenhut, Wald-Storchschnabel, Weißer Germer, Gebirgs-Lappenfarn, Berg-Flockenblume, Eisenhutblättriger und Platanenblättriger Hahnenfuß, Großblättrige Schafgarbe, Alpen-Milch-

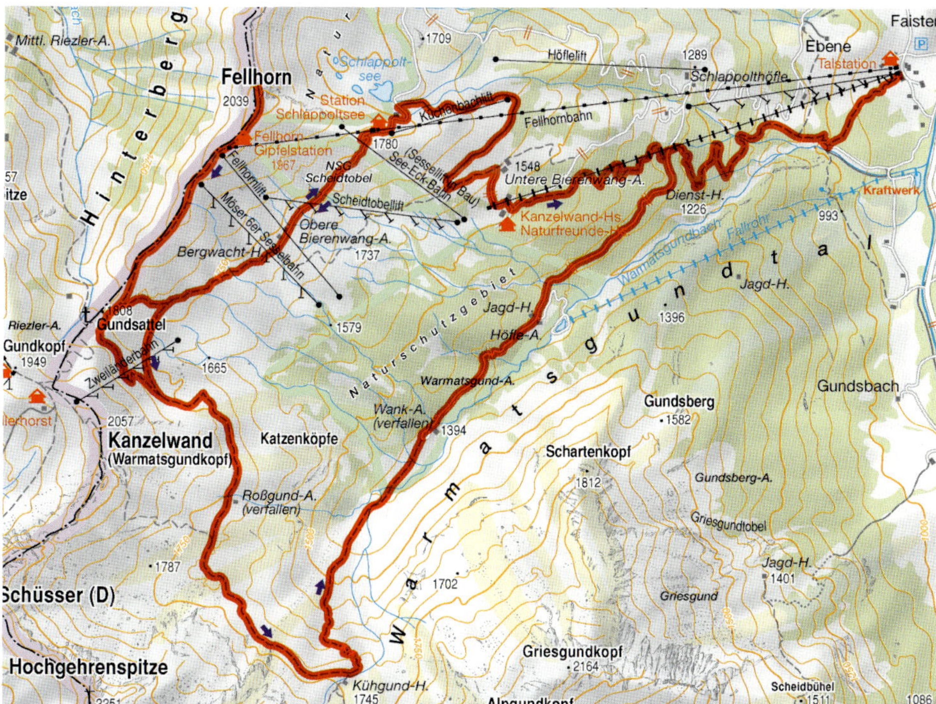

lattich, Filziger Alpendost, Rundblättriger Steinbrech, Alpen-Rachen, Berg-Weidenröschen, Alpen-Frauenfarn und Türkenbund.

Besonders beeindruckend sind die reichen Alpenrosenbestände an den Berghängen um den See. Alpenrosen waren ursprünglich Waldpflanzen, was dafür spricht, dass früher der Bergwald weiter hinaufreichte als heute. Heute erfrieren die über der Waldgrenze wachsenden Pflanzen im Winter leicht, insbesondere, wenn diese schneearm sind. Noch größere Schäden als der Frost bewirkt allerdings die winterliche Trockenheit. Die Pflanze zählt nicht zu den gefährdeten Arten, ist aber trotzdem geschützt.

Beim Almpersonal ist sie allerdings nicht sehr beliebt, weil sie Platz für bessere Futterpflanzen wegnimmt, die Waldverjüngung hemmt und ihre Laubstreu den Boden versauert. Früher hat man sie als Weideunkraut mit Axt und Feuer gerodet, später auch mit Chemie!

Am Fellhorn gab es früher oberhalb der Waldgrenze große Flächen mit Latschen und Alpenrosen, diese wurden vor mehreren hundert Jahren gerodet, um mehr Platz für Weideflächen zu erhalten. Erst heute breitet sich die Alpenrose wieder aus.

Die Wälder um das Fellhorn wurden durch die Orkane Vivian und Wiebke 1990 stark geschädigt, dadurch und durch den folgenden warmen Sommer bestand eine große Gefahr, dass der Wald vom Borkenkäfer befallen wird. Um ihn davor zu schützen, hat man das Holz mit großem Aufwand selbst aus steilen Lagen geborgen und junge Bäume nachgepflanzt.

Ausgangspunkt:

Fellhornbahn, je nachdem Mittelstation (1780 m) oder Bergstation (1967 m).

Wegverlauf:

Es gibt verschiedene Möglichkeiten, den Schlappoldsee in eine längere oder kürzere Bergwanderung im Bereich des Fellhorns einzubinden.

Eine Möglichkeit wäre beispielsweise, man fährt mit der Fellhornbahn bis zur Bergstation und steigt von hier aus auf dem bezeichneten Weg zum Fellhorngipfel hoch. Hier hat man eine herrliche Aussicht auf die Allgäuer Bergwelt, den Hohen Ifen mit dem Kleinen Walsertal und hinaus ins Alpenvorland.

Anschließend kehren wir dann aber wieder zurück zur Bergstation. Nun geht man auf der anderen Seite nach Süden auf dem Blumen- und Wanderlehrpfad weiter. Man kommt an Lehrtafeln vorbei, die Wissenswertes über Fauna und Flora im Fellhornbereich vermitteln. Wir kommen hinab

zum Gundsattel, wo wir nach links abbiegen und zur Mittelstation, der Station Schlappoldsee, zurückkehren. Unterwegs kommen wir durch den für seine einzigartige Flora bekannten Scheidtobel. Hinter der Mittelstation liegt der Schlappoldsee, zu dem wir jetzt gehen sollten.

Wer möchte, macht vom See aus noch einen etwa halbstündigen Abstecher zur Schlappold-Alpe (1700 m), der größten Sennalpe Deutschlands. Von der Mittelstation aus fahren wir wieder hinab ins Tal. Dies ist der kürzeste Vorschlag.

Wer diese recht kurze Tour noch etwas ausdehnen möchte, steigt vom See aus hinab ins Tal. Dazu hält man sich direkt am See auf dem Pfad nach rechts (Osten) hinab in Richtung „Kanzelwandhaus".

Unterwegs kommt man an der Bierenwang-Alpe vorbei. Kurz nach dem Naturfreundehaus Kanzelwandhaus zweigt von unserem Asphaltsträßchen nach rechts ein mit „alpin" markierter Steig in Richtung Bergstation ab. Auf ihm wandern wir nun abwärts, der Weg führt uns durch einen prächtigen Bergwald.

Etwas später überqueren wir einen Asphaltweg, dahinter kommen wir zu einer Diensthütte. Noch weiter unten überqueren wir den Ablauf des Schlappoldsees auf einer leicht schwankenden Brücke. Wir erreichen erneut ein Asphaltsträßchen, bleiben aber rechts im Wald. Wer möchte, kann kurz vor der Talstation noch einen weiteren Abstecher zu einer weiteren Sehenswürdigkeit mit Wasser machen: Man geht hierzu nach rechts zu den riesigen Felsbrocken, die im Bachbett des Warmatsgundbaches liegen. Hier sieht man auch einen kleinen Wasserfall.

Es gibt aber noch eine Möglichkeit, den Schlappoldsee in eine Bergtour einzubinden. Hierzu nimmt man ihn als Ausgangspunkt, indem man die Tour an der Mittelstation beginnt. Dann hält man sich – umgekehrt wie oben beschrieben – nach Südwesten und wandert auf dem Blumen- und Wanderlehrpfad in Richtung Gundsattel (1808 m). Geübte Bergsteiger haben die Möglichkeit, zur 2057 Meter hohen Kanzelwand (Warmatsgundkopf) aufzusteigen.

Ansonsten führt uns der Weg zur Kühgund-Alm und hier nach links hinab.

Unterwegs kommt ein Abschnitt, auf dem man etwas mehr aufpassen muss als bei der restlichen Tour, aber mit Vorsicht und Erfahrung ist auch er gut zu meistern. An der Warmatsgund-Alpe treffen wir auf ein Almsträßchen, dem wir folgen.

Wo nach einiger Zeit der Wanderweg zur Talstation quert, folgen wir ihm nach rechts abwärts, auf dem oben beschriebenen Weg hinab ins Tal.

24 SCHLEIERFÄLLE

Zeit:	Radtour: etwa 2 Std., Wanderung etwa 1 Std.
Höhenunterschied:	Radtour etwa 200 m, Wanderung etwa 100 m.
Länge:	Radtour etwa 18 km, Wanderung etwa 2 km.
Bademöglichkeit:	Schwaigsee.
Karte:	1:30 000, Zumstein Wanderkarte Nr. 1 Füssen.

Die Schleierfälle liegen eigentlich nicht mehr im Allgäu, aber doch „gleich daneben" im Oberbayerischen. Da sie ein herrliches Naturschauspiel sind, dürfen sie in einem Buch über „Wasser im Allgäu" keinesfalls fehlen.

Der Name der als Naturdenkmal ausgewiesenen, rund fünfzig Meter breiten Wasserfälle kommt daher, weil das Quellwasser als dünner „schleierartiger" Vorhang kaskadenartig über bemooste Kalktuffsteine herabfällt. In der Umgebung herrscht eine hohe Luftfeuchtigkeit, da das Wasser in sehr feinen Tröpfchen zerstäubt wird und daher leicht verdunstet. Dies ist auch der Grund für die vielen, üppig wuchernden, sattgrünen Moose, die hier wachsen. Um die Wasserfälle ist die Vegetation, Moose, Algen, Blätter, Ästchen und andere Pflanzen vom Kalkspat überzogen, was wie Versteinerungen aussieht. Dies kommt daher, weil das kohlensäurehaltige Quellwasser Kalk aus dem Gestein löst, der dann in löslichen doppelkohlensauren Kalk (Kalziumkarbonat) übergeht. Beim Herabstürzen des Wassers wird durch die Vereinigung von Wasser und Sauerstoff dieser Kalk in staubfeinen Kristallen ausgeschieden, der sich als Kalkspat (Calzit) auf den Pflanzen niederschlägt. Diese zu Stein gewordenen Pflanzen „wachsen" dann als Tuff weiter und bilden Terrassen. Ihr Betreten ist verboten, denn frischer Tuff ist sehr weich; härtet aber im Laufe der Zeit aus. Früher war er sogar ein beliebter Baustein, da er durch seine Hohlräume gut isoliert. Was heute aus

Schutzgründen, weil zu viel zerstört wurde, auch nicht mehr erlaubt ist – früher konnte man sogar noch in eine hinter dem Fall liegende Höhle hineinsteigen!

Das Warn- und Erklärungsschild trägt folgenden Text:

„Die Schleierfälle speist ein Quellbach, der an seiner Grenze von kalkreichen Schottern der Eiszeit zu nicht durchlässigen alten „Molasseschichten" entspringt. Dieser Quellbach stürzt hier schleierartig über einen festen Hangvorbau und schei-

det Kalk aus, der sich an Moosen, Steinen, Baumästen, Schneckenschalen usw. anlagert. Aus dem Kalktuff wachsen sehr spezialisierte Moose, die bei der Kalkbildung mithelfen. So wächst der Tuff als ‚lebender Stein'."

An seltenen, bedrohten und geschützten Tieren leben in der Ammerschlucht die Wasseramsel, der Flussuferläufer, der Eisvogel, der Gänsesäger, der Schwarzspecht, der Uhu, der Große Schillerfalter und die Haselmaus; bemerkenswerte Pflanzen sind Geißbart, Märzenbecher, Türkenbundlilie, Nestwurz und Aurikel. Was für Kinder auch interessant ist: hier sieht man oft Kanufahrer auf der Ammer.
Der Ausgangspunkt Schwaigsee gehört zum Naturschutzgebiet Bichlbauerfilz und Schwaigsee. Das Bichlbauerfilz ist ein reizvoll gelegenes Spirkenhochmoor mit einem Moorsee. Es bietet Lebensraum für zahlreiche seltene und bedrohte Tier- und Pflanzenarten.

Ausgangspunkt:
Hargenwies bzw. Schwaigsee.

Wegverlauf:
Wer nur die Schleierfälle selbst besuchen will, fährt bis Hargenwies; in der großen Kurve nördlich des Hofes befindet sich ein Parkplatz. Schön ist es aber auch, die Schleierfälle in eine Radtour einzubinden; zu den Fällen muss man aber ab Hargenwies zu Fuß gehen.
Hierzu fahren wir auf dem Sträßchen nach Süden bis Morgenbach und biegen hinter dem Ort nach rechts ab. Nach etwa 1,2 Kilometer stoßen wir auf ein querendes Sträßchen, dem wir nach rechts folgen. Vor den Häusern von Linden biegen wir nach links ab. Es geht hoch nach Schwaig und weiter nach Straubenbach.
An der Querstraße dahinter halten wir uns links und kommen hinab ins Tal der Illach, links von Schildschwaig. Geradeaus ginge es hinauf in den Wald, wir biegen aber nach links ab in Richtung „Unternogg". Nun radeln wir etwa fünf Kilometer, teils durch Wald, teils durch Lichtungen, bis wir kurz vor Unternogg auf eine Straße treffen. Wer abkürzen will, kann nach etwa einem Drittel der Strecke nach links abbiegen und über Hausen weiterfahren.
Ansonsten biegen wir nach links in die Straße ein und fahren in einigen Windungen, erst durch Wald, dann durch weite Wiesenflächen über Peustelsau nach Hargenwies. Hier stellen wir unsere Räder ab, entweder auf dem Parkplatz nach dem Hof in der Kurve oder wir fahren nach rechts in den Wald in Richtung Schleierfälle, so weit es mit dem Rad gut zu machen ist. Den Rest gehen wir zu Fuß.
Anschließend radeln wir auf dem Sträßchen zurück zum Schwaigsee.

Die Schleierfälle

25 SCHRECKSEE

Schrecksee (1807 m)

Volumen	max. Tiefe	max. Länge	mittlere Breite	Oberfläche	Umfang	Einzugsgebiet	Wassererneuerung
1,09 hm^3	28 m	0,48 km	0,19 km	9,05 ha	1,27 km	0,93 km^2	–

Zeit: Rund 6–7 Std.

Höhenunterschied: Rund 1000 m.

Sonstiges: Ein Teil der Strecke ist auf einem asphaltierten Weg bzw. der Straße zurückzulegen. Man kann aber auch mit dem Bus bis zum Kraftwerk Auele fahren, dann kann man sofort mit dem Aufstieg beginnen und hat diesen Weg (hin und zurück ungefähr sieben Kilometer) eingespart.
Der Aufstieg erfolgt auf Pfaden, die durch ihr Geröll manchmal recht mühsam zu begehen sind. Berggeübte und konditionsstarke Wanderer können die Tour noch verlängern. Eine Möglichkeit wäre ein einstündiger, erst am Schluss etwas alpiner Aufstieg auf den Kastenkopf (2129 m). Eine Wanderung über das 2240 Meter hohe Rauhhorn zur Willersalpe und von dort nach Hinterstein ist ebenfalls ein schönes Bergerlebnis, aber um einiges anspruchsvoller.

Karte: 1:35 000, Zumstein Wanderkarte Nr. 3 Hindelang.

Der auch Wildsee oder „Perle der Allgäuer Berge“ genannte Schrecksee ist ein prächtiger Bergsee, der fast oval in West-Ost-Richtung östlich über dem Hintersteiner oder Ostrachtal in der Nähe des Jubiläumsweges liegt. Der See ist 500 Meter lang und 250 Meter breit.

Er befindet sich in einer Art Wanne, überragt von Kugelhorn, Kastenkopf, Lahnerkopf und im Westen von dem Kamm, der vom Älpelekopf zum Lahnerkopf zieht. Im See liegt eine Insel, die einen idyllischen Eindruck erweckt. In seiner Umgebung finden wir wechselnde Gesteinsschichten: bei der Steilstufe Hauptdolomit, der durch seine spärliche Vegetation auffällt, der Talschluss ist aus Platten- und Rätkalk gebildet und schließlich gibt es hier Juramergel, der durch seine reiche Vegetation besticht. Insbesondere im Frühsommer, im Juni, blüht es hier besonders schön.

Ausgangspunkt: Hinterstein.

Wegverlauf:

Wir parken auf dem letzten Parkplatz in Hinterstein und spazieren auf dem vom Parkplatz wegführenden Weg durch das Ostrachtal nach Südosten. Kurz da-

Schrecksee (1807 m)

nach sollten wir das viel fotografierte Wegkreuz beachten. Nach einiger Zeit treffen wir auf die Straße, der wir in Gehrichtung bis zum Kraftwerk Auele folgen. Kurz vor dem Kraftwerk lohnt sich ein Blick hinab in das tief eingeschnittene Ostrachtal. Bis hierher kann man auch mit dem Bus fahren.

Nach dem Kraftwerksgebäude nehmen wir den nach links aufwärts führenden Pfad. Es geht anfangs im Wald recht steil hinauf. Nach dem kleinen Stausee kommt noch ein weiterer Steilanstieg, dann verlassen wir den Wald und spazieren etwas flacher durch die Wiesenfläche der Taufers-Alm. Vor uns sehen wir eine fast senkrecht emporsteigende Felswand – sie müssen wir hinauf. Es sieht aber schlimmer aus als es ist, denn es führt ein relativ flacher Steig im Zickzack aufwärts. Schließlich haben wir es geschafft. Es geht noch ein Stück über die lebhaft gewellte Hochfläche, dann stehen wir vor dem See.

Zurück gehen wir denselben Weg. Wenn man konditionsstark (noch etwa 200 Höhenmeter zusätzlich) ist, kann man die Tour noch erweitern. Man steigt links vom See noch etwas hinauf und folgt dann dem nach Norden führenden Jubiläumsweg. Man geht entweder an Kugelhorn und Rauheck vorbei oder man steigt als Geübter direkt nach Norden über den Kamm; am Geißeck-Joch gehen wir auf die Westseite des Bergkamms und wandern über die Willers-Alp zurück zum Ausgangspunkt.

Der Schrecksee liegt hoch oben in den Bergen

Das Ostrachtal

26 SCHWALTENWEIHER

Schwaltenweiher (836 m) – Luimooser Weiher (837 m) – Trollweiher (839 m)

❶ ❷ ❸

	Volumen	max. Tiefe	max. Länge	mittlere Breite	Oberfläche	Umfang	Einzugsgebiet	Wassererneuerung
1	0,725 hm^3	5,7 m	1,15 km	0,26 km	30,4 ha	3,8 km	3,33 km^2	84 Tage
2	0,072 hm^3	2,7 m	0,45 km	0,12 km	5,57 ha	1,08 km	1,8 km^2	–
3	0,137 hm^3	2,4 m	0,6 km	0,19 km	11,6 ha	1,98 km	1,4 km^2	–

Zeit: Rund 2–3 Std.

Höhenunterschied: Unwesentlich.

Länge: Rund 8 km.

Sonstiges: Die Wanderung verläuft überwiegend auf befestigten Sträßchen.

Bademöglichkeit: Schwalten- und Luimooser Weiher.

Karte: 1:30 000, Zumstein Wanderkarte Nr. 2p Pfronten.

Diese Wanderung führt zu drei Seen im Voralpenland. Wir beginnen am Schwaltenweiher und wandern zum Luimooser Weiher und zum Trollweiher. Insbesondere am Schwaltenweiher bietet sich uns ein prächtiges Bild: Die Alpenkette im Hintergrund und der prächtige Weiher davor! Man möchte eigentlich gar nicht weggehen, sondern lieber hier bleiben und den Anblick genießen.

Alle drei Seen sind, jeder für sich, landschaftliche Kleinode. Über dem Schwaltenweiher stand einst das Schloss Falkensberg. Es entstand, nachdem der Bischof Peter von Augsburg 1398 dem Konrad Ried aus Seeg einen Weiler, den Zehnt von vier Höfen und zwei Güter verliehen hatte.

Konrad ließ um 1400 eine kleine Burg erbauen. Die Familie wurde reicher und konnte im Lauf der nächsten hundert Jahre ihren Besitz abrunden; daraufhin wurde auch ein schlossartiges Gebäude

errichtet. Zu ihm gehörten auch ein Bauhof und ein Fischgewässer.

Als einer seiner Nachkommen, der Bürger und Ratsherr in Feldkirch war, den Besitz erbte, verkaufte er ihn an den deutschen Kaiser Maximilian I. Dieser baute die Herrschaft weiter aus und löste alle noch bestehenden Lehensbildungen an das Hochstift Augsburg, kaufte die Schwaltenmühle und ließ den Schwaltenbach zu einem Weiher aufstauen. 1515 verkaufte Maximilian seine nunmehr vergrößerte Herrschaft an den österreichischen Pfleger von Hohenfreyberg, Stephan Hohenberger.

Dieser, ein Sohn des Füssener Bürgermeisters Michael Hohenberger, nannte sich danach Stephan von Hohenberg zu Falkenstein. Sein Sohn verkaufte dann 1588 die Herrschaft an die Stadt Kempten.

Diese ließ 1593 das Schloss abtragen und wollte durch ihren Baumeister Marthis Heubel ein noch größeres und prunkvolleres Schloss erbauen. Dieses

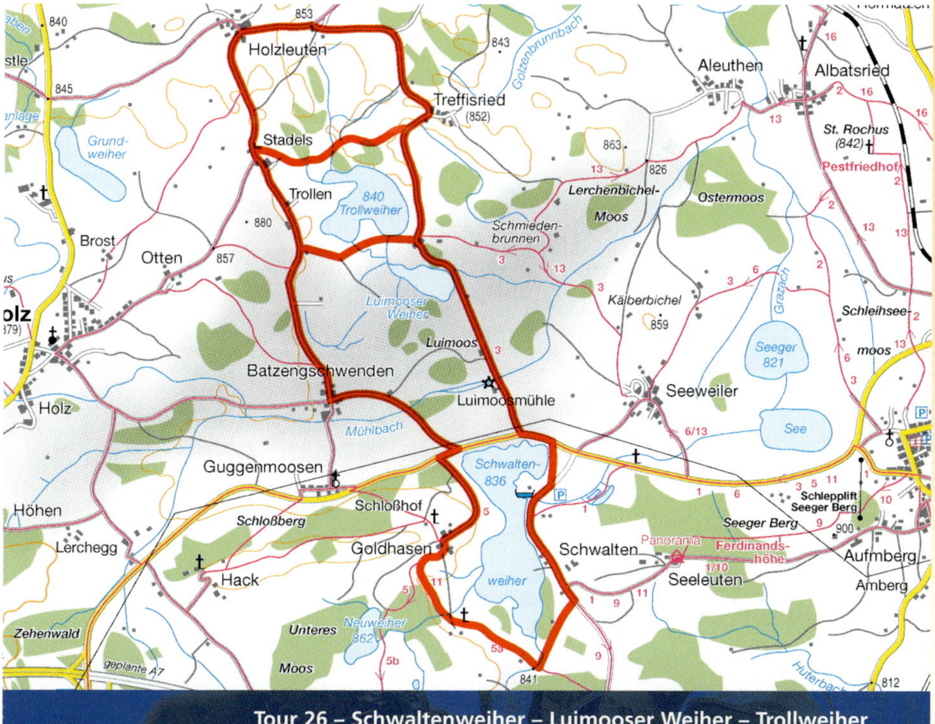

Tour 26 – Schwaltenweiher – Luimooser Weiher – Trollweiher

26 SCHWALTENWEIHER

Schwaltenweiher (836 m) – Luimooser Weiher (837 m) – Trollweiher (839 m)

Schloss hatte schließlich eine Länge von zwölf Meter und besaß drei Stockwerke. Es war umgeben von einer Ringmauer mit drei Toren. Die Herrschaft wurde 1610 von der Stadt Füssen gekauft.

Das Schloss wurde dann im Dreißigjährigen Krieg vermutlich am selben Tag wie Hohenfreyberg angezündet (1646). Die Ruine diente danach als Steinbruch, die Steine brachte man nach Seeg zum Wiederaufbau der zerstörten Kirche.

Im 20. Jahrhundert setzte dann der Tourismus ein, und auch der damalige Bundespräsident Theodor Heuss verbrachte 1952 und 1953 seinen Urlaub im nahe gelegenen Seeg. Der Schwaltenweiher ist 30,4 Hektar groß und maximal 5,7 Meter tief bei einer mittleren Tiefe von 1,2 Meter. Sein Wassereinzugsgebiet beträgt 3,33 km^2, die Länge seines Ufers 3,8 Kilometer.

Der Weiher wurde im Mittelalter aufgestaut und zur Fischzucht angelegt, heute wird er im Winter abgelassen. Um den See befindet sich seit 1962 ein 85 Hektar großes Landschaftsschutzgebiet.

Um ihn herum wachsen Fieberklee, Alpen-Wollgras, weiße Schnabelbinse, echte Sumpfwurz, breitblättrige Sumpfwurz, Schwalbenwurzenzian, Torfmoose, Rundblättriger Sonnentau,

Vom Schwaltenweiher aus hat man einen prächtigen Blick auf die Bergwelt

mittlerer Sonnentau und Armleuchteralgen. Am Süd- und Südwestufer befindet sich eine ausgedehnte Großseggenverlandung. Im See leben Forellen und Karpfen.

Er ist als Rastplatz im Frühjahr für Durchzügler von Bedeutung, insbesondere die Löffelente und die Schnatterente kommen hierher. Auch der Luimooser Weiher ist ein künstlich angelegtes Gewässer, ein im Mittelalter angelegter Stausee.

Seine Wasserfläche beträgt 5,6 Hektar, seine maximale Wassertiefe 2,7 Meter bei einer mittleren Wassertiefe von 1,2 Meter und seine Uferlänge 1000 Meter. Er bekommt sein Wasser aus dem Trollweiher und einigen Entwässerungsgräben. In der Nähe gibt es verschiedene Torfstiche.

Der See liegt im Jungmoränenschotter im Gebiet des ehemaligen Lechgletschers. Sein Abfluss erfolgt über einen Mönch, der es gestattet, die Wasserfläche zu kontrollieren. Um den See herum wachsen Fieberklee, Laichkraut und der stängellose Enzian. Außerdem brütet hier der seltene Haubentaucher.

Der Trollweiher ist ebenfalls ein im Mittelalter angelegter Stauweiher, er ist 11,6 Hektar groß und bis zu 2,4 Meter tief. Seine Uferlänge beträgt 1900 Meter.

Der Weiher wird regelmäßig abgelassen. Um ihn herum wachsen Tannenwedel, Laichkraut und Fieberklee, außerdem brütet auch hier der Haubentaucher.

Ausgangspunkt: Schwaltenweiher.

Wegverlauf:

Wir parken am Parkplatz am Schwaltenweiher. Nun folgen wir kurz dem nach Süden führenden Sträßchen und biegen kurz nach dem links oben stehenden Anwesen nach rechts in den Wiesenweg ab.

Nach etwa 500 Metern halten wir uns rechts und wandern hoch zur Ansiedlung Goldhasen, von hier aus geht es wieder hinab zur Landstraße.

Etwas nach rechts versetzt folgen wir dem Sträßchen in Richtung „Rückholz".

Gleich darauf, in Batzengschwenden, biegen wir rechts ab nach „Holzleuten". Wir haben nun verschiedene Möglichkeiten.

Entweder biegen wir vor Trollen nach rechts ab und spazieren zwischen dem Luimooser Weiher und dem Trollweiher zum querenden Weg dahinter, oder wir biegen erst in Stadels nach rechts ab und halten uns kurz vor Treffisried rechts oder wir gehen gar bis Holzleuten, wo wir nach rechts, dann noch einmal rechts nach Treffisried abbiegen.

Auf jeden Fall spazieren wir an der Ostseite der beiden Weiher zurück zum Schwaltenweiher.

27

SCHWANSEE

Schwansee (789 m) – Lechfall

Volumen	max. Tiefe	max. Länge	mittlere Breite	Oberfläche	Umfang	Einzugsgebiet	Wassererneuerung
0,58 hm^3	7 m	0,79 km	0,22 km	17 ha	1,9 km	7,03 km^2	35 Tage

Zeit: Rund 2–3 Stunden.

Höhenunterschied: Je nachdem, etwa 80 m; über den Kalvarienberg etwa 250 m.

Länge: Hin und zurück etwa 8 km.

Sonstiges: Man geht auf festen Wegen und, je nachdem, auf Naturpfaden.

Bademöglichkeit: Schwansee.

Karte: 1:30 000, Zumstein Wanderkarte Nr. 1 Füssen.

Vor den Königsschlössern Hohenschwangau und Neuschwanstein liegt der Schwansee. Mit seinen Liege- und Spielwiesen, auf denen im Sommer seltene Orchideen und Trollblumen wachsen und deren Gräser im Herbst ein leuchtendes Furioso in Orange zeigen, ist er ein prächtiges Stück Natur.

Um den See befindet sich ein herrlicher Park mit weiten Wiesen, Wald, einzelnen Bäumen und Baumgruppen, der in einem älteren „Rother"-Führer mit den folgenden Worten beschrieben wird: „Wohl nirgendwo im Schwangau hat Menschenhand ein ausgewogeneres Landschaftsbild entstehen lassen, für das kein Superlativ zu hoch gegriffen ist: Spaziergängerhimmel, Badeseligkeit, Fotoparadies, Baumarten- und Blumenalbum, im Winter aber Eldorado für Skilangläufer...". Dem ist eigentlich nichts mehr hinzuzufügen!

Die Ufer des Sees sind teils moorig, teils stark verlandet, und obwohl es auch einen (kostenlosen!) Badeplatz und Liege- und Spielwiesen gibt, steht die

Landschaft unter Naturschutz. Zwölf verschiedene Arten von Orchideen sollen hier wachsen, dazu Trollblumen und andere seltene Pflanzen. Außerdem eine Reihe von eingebrachten Pflanzen wie z. B. Seerosen.

Es handelt sich um einen ehemaligen „königlichen Park", denn der bayerische Kronprinz Maximilian wollte das 1837/38 erworbene Areal nördlich seines Landsitzes Schloss Hohenschwangau, das so genannte „Rohrach-Filz", in „Anlagen im englischen Stil" umwandeln. Als Gartengestalter gewann er Carl August Sckell (1793–1840), den Sohn eines Landschaftsgärtners und Schwiegersohn seines Amtsvorgängers Friedrich Ludwig von Sckell (1750-1823). Er fertigte im Mai 1838 einen Plan für den südlichen Teil des künftigen Parks. Im November 1853 wurde dann von Peter Josef Lenné, dem „Director der Königl. Preußischen Hofgärten", ein Plan für den „Kön. Park Hohenschwangau" vorgelegt. Er wollte u. a. mit zwei Wasseradern die Parkfläche beleben, weswegen man den Abfluss des Schwansees aufstauen wollte. Dieser Plan konnte jedoch wegen der Gefahr der Versumpfung nicht verwirklicht werden.

Ein schönes Stück Natur sieht man auch am Lech- oder Mangfall bei Füssen, zu dem Julius Wais 1925 schrieb:

Der Schwansee

27 SCHWANSEE

Schwansee (789 m) – Lechfall

„…Lechfall, einem Glanzpunkt des Allgäus. In einem tosenden Sturze zwängt sich der Lech wildschäumend durch die enge Felsschlucht, gewaltige Stromschnellen bildend. Bedeutende Hochwasserstände und tief eingenagte Strudellöcher, Gletschermühlen ähnlich, geben Kunde von dem gewaltigen Kampfe des Wassers mit den Felsen." Und 1930 meinte H. Scherzer: „Und nun stehen wir vor dem Lechfall (St. Mangtritt oder Lusalten) und lassen uns umdonnern von den wilden Wassermassen des eingeengten Flusses. Jahrtausendelang hat die Wettersteinkalkrippe, über die jetzt der blaugrün heranströmende Lech seinen gischtenden, tosenden Fall wirft, als Stauriegel gewirkt und den Lech von Musau nach Pfronten abgelenkt." Im Jahr 2002 bestanden von Seiten der Energiewirtschaft Pläne, dem Lechfall das meiste Wasser zu entziehen, um es zur Energiewirtschaft zu nutzen. Bislang konnten diese Pläne, die aus dem Wasserfall wahrscheinlich nur ein trauriges Rinnsal gemacht hätten, verhindert werden.

Der aus dem Lechquellengebirge kommende Fluss hat sich hier beim Lechdurchbruch eine schroffe Schlucht geschaffen, indem er sich tief in den harten Wettersteinkalk eingeschliffen hat. Hier sieht man auch einen Gletschertopf, der durch die Erosion der eiszeitlichen Schmelzwasser entstanden ist. In ihm befindet sich eine Vertiefung im Fels, die früher als Fußabdruck des hl. Magnus interpretiert und deshalb Magnustritt genannt wurde. Es gibt auch eine Sage dazu: Der heilige Magnus, ein Wandermönch aus St. Gallen, war auf der Flucht vor wilden Tieren und sprang voller Angst über die tiefe Klamm. Da er sich dabei mit großer Kraft abgestoßen hat, soll diese Vertiefung entstanden sein.

Der Ort wurde damals fauces (Schlund) genannt, woraus sich der Name Füssen entwickelt haben soll. In einer Nische im senkrecht abfallenden Marienfelsens sieht man außerdem die Marmorbüste von König Max II. Die Filialkirche Zu Unserer lieben Frau am Berg wurde 1682 bis 1683 von Johann Schmuzer erbaut, von ihm stammen auch die aufwändigen Stuckaturen. Im Hochaltar findet man ein schönes Relief. An der Kirche beginnt auch der sehenswerte Kreuzweg zum Kalvarienberg (953 m). Er bietet schöne Aussichten auf die Stadt und ihr Vorland mit den Seen. Auch die verschiedenen Kreuzwegstationen sind sehenswert. Die Bergkuppe wurde 1842 durch einen Gang durchbrochen, an dessen Südseite die Hl.-Grab-Kapelle steht. Das Gipfelkreuz wurde 1837 errichtet. Der Füssener Kalvarienberg gehört zu den größten derartigen Anlagen in Bayerisch-Schwaben. Der Höhenunterschied beträgt etwa 170 Meter.

Ausgangspunkt: **Alterschrofen.**

Wegverlauf:

Wir fahren von Füssen aus in Richtung Königsschlösser. Nach Alterschrofen liegt rechts der Straße ein Parkplatz. Nach ein paar Schritten auf dem nach Südwesten führenden Weg ist man mittendrin im Schwanseepark, kurz darauf am Schwansee, den wir erst umrunden sollten. Am besten im Uhrzeigersinn, das heißt, wir biegen vor dem See nach links ab.

Nach der Umrundung nehmen wir den am Nordwestende des Sees nach links (Westen) weg führenden Weg. An der kurz darauf folgenden Verzweigung orientieren wir uns rechts (Weg B). Der Weg steigt nun etwas an bis zu einer Kreuzung, wo es wieder abwärts gehen würde. Wir aber biegen, dem Schild „Weg A Romantischer Rundwanderweg" folgend, nach rechts ab und halten uns kurz darauf links in Richtung „Füssen" bzw. „Lechfall". Nach wenigen Minuten folgt eine pilzartige Überdachung. Es geht auf Stufen weiter hinab und schließlich erreichen wir den Lechfall. Wir sollten auf den König-Max-Steg von 1895 hinausgehen und

auch die Hochwassermarken beachten! Für den Rückweg haben wir nun verschiedene Möglichkeiten. Wir können beispielsweise denselben Weg zurück wandern. Oder wir folgen der Straße etwas nach rechts bis zur Filialkirche zu Unserer lieben Frau am Berg und steigen dann hoch zum Kalvarienberg. Dies bringt zwar einen Anstieg mit sich, dafür können wir einen der schönsten und interessantesten Kalvarienberge Deutschlands bewundern, außerdem haben wir von hier aus eine prächtige Aussicht auf Füssen.

Wir können aber auch parallel der Straße weiter wandern, uns an der querenden B 17 rechts halten und auf dem König-Ludwig-Weg nach Alterschrofen und zum Parkplatz zurück kommen.

Der Lechfall

28

SEEALPSEE

Seealpsee (1628 m)

Volumen	max. Tiefe	max. Länge	mittlere Breite	Oberfläche	Umfang	Einzugsgebiet	Wassererneuerung
1,84 hm^3	42 m	0,45 km	0,17 km	7,59 ha	1,24 km	10,4 km^2	–

Zeit: See und zurück zur Bahn: 3 Std., zurück über das Oytal 4–5 Std.

Höhenunterschied: Zum See und zurück zur Bergstation rund 350 m, hinab ins Oytal im Wesentlichen nur abwärts.

Sonstiges: Von der Bergstation zum See führt ein gut ausgebauter Weg. Ab dem See geht es auf dem Gleitweg hinab ins Oytal, ihn sollten nur erfahrene und trittsichere Wanderer begehen. Vom Oytal aus wandert man auf gutem Weg zurück.

Karte: 1:30 000, Zumstein Wanderkarte Nr. 4 Oberstdorf.

„Am frühen Morgen spiegeln sich im Gewässer das Blau des Himmels, das Opalgrün der Bergwiesen und das Rot des besonnten Seeköpflegipfels."

Georg Frey, Alfred Weitnauer, 1968

Der Seealpsee liegt unterhalb des Großen Seekopfs und ist von der Bergstation der Nebelhornbahn aus problemlos zu erreichen. Der See ist 400 Meter lang und mit 42 Meter der tiefste und 77,95 Hektar Fläche der größte Allgäuer Hochsee.

Auf dem Weg dorthin hat man prächtige Blicke auf die Allgäuer Bergwelt. Besonders schön ist der Sonnenuntergang am See, um ihn zu erleben, muss man

allerdings auf dem Berg nächtigen. Aber auch tagsüber ist die Bergsicht auf dem den See rund 300 Meter überragenden Zeigersattel herrlich. Im Nahbereich der Allgäuer Berge fallen die Höfats mit ihrer domartigen Form, die Mädelegabel und die Trettachspitze auf, den Hintergrund bilden die unzähligen Gipfel der Alpenwelt.

Ausgangspunkt:
Station Höfatsblick der Nebelhornbahn.

Wegverlauf:
Ab der Bergstation hält man sich an Weg 4, der hinab zum Seealpsee führt. Bis hierher führt ein auch für Kinder problemlos zu begehender Weg. Kin-

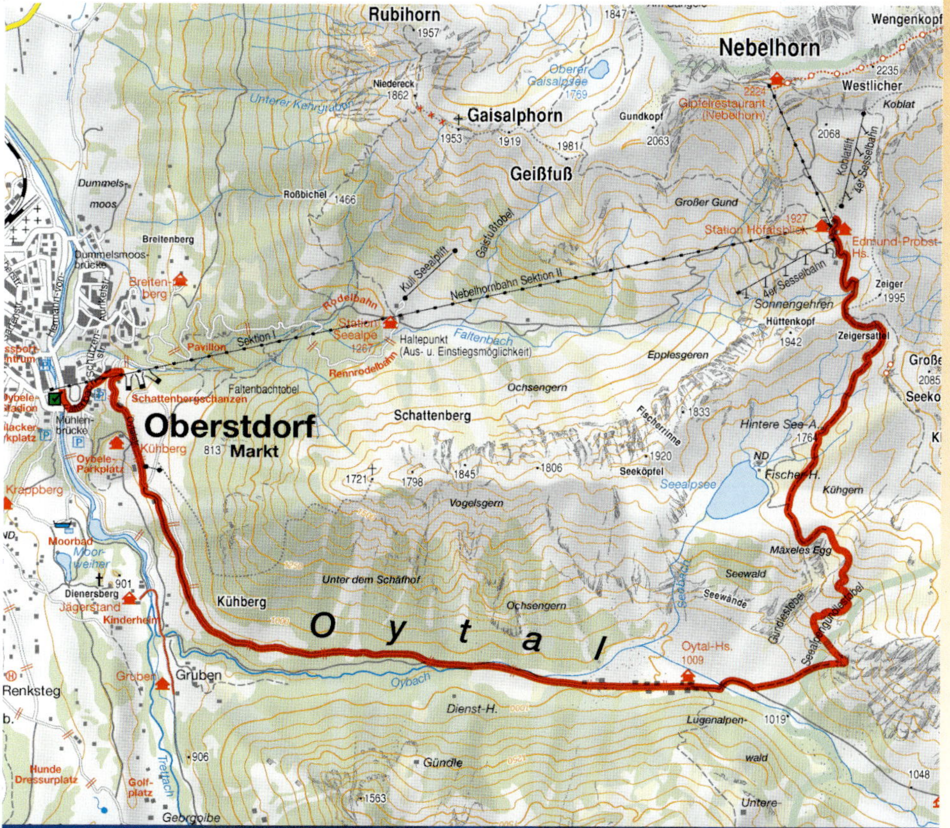

dern wird es ohnehin am See gut gefallen. Am See kann man eine gemütliche Rast einlegen und dann zurück zur Bergstation gehen. Wer möchte, kann sogar noch zur Gipfelstation Nebelhorn fahren. Eine Möglichkeit für trittsichere Bergwanderer ist es, auf dem Gleitweg (Nr. 4a) hinab ins Oytal zum Oytalhaus zu wandern. Man hüte sich, in die Nähe der Seewände zu kommen; sie haben schon mehrere Opfer gefordert. Der Gleitweg selbst ist zwar auch nur geübten Bergwanderern zu empfehlen, doch für sie ist er mit seinen Tobeln und blumengeschmückten Steilgrasmatten ein herrliches Erlebnis. Ab hier geht es auf ausgebautem Weg zurück nach Oberstdorf.

Oberstdorf

Der Seealpsee liegt wie ein Auge in den Oberstdorfer Bergen

29 STARZLACHKLAMM

Zeit:	Rund 2 Std.
Höhenunterschied:	Rund 250 m.
Länge:	Rund 3–5 km, je nachdem.
Sonstiges:	Wir wandern auf steinigem und rutschigem, aber immer gut durch Geländer gesichertem Steig. Festes Schuhwerk ist angebracht.
Karte:	Zumstein Wanderkarte Nr. 6s Sonthofen.

Die Starzlach entspringt zwischen Wertacher Hörnle und Grünten auf 1070 Meter Höhe und sucht ihren Weg über Felsabstürze und zwängt sich durch kesselförmige Wassermühlen. Zu ihren großen Wassermengen kommt sie, weil sie aus den umliegenden Bergen durch viele Zuflüsse verstärkt wird. Bei Sonthofen mündet sie in die von Hindelang kommende Ostrach (= die von Osten kommende) und fließt mit ihr kurz darauf in die Iller.

Der Name der Starzlach bedeutete „über Felsen springende Aach", das heißt eigentlich „Sturzbach". Dieser Name ist auch zutreffend, denn man erlebt in dieser ursprünglich vierzig bis fünfzig Meter höher liegenden Klamm, zusammen mit der Breitachklamm einer der schönsten des Allgäus, schäumende Wasserstrudel, riesige Wassermühlen, Wasserfälle und am Ende sogar eine Trockenklamm mit den trockenen Wassermühlen. Einen besonderen Reiz bieten auch die wildromantischen Nebenklammen.

Am Anfang der Klamm überrascht vor allem das Blocklabyrinth, beeindruckend sind auch die drei riesigen Töpfe – ausgewaschene mächtige Wassermühlen, die sich links vom Wasserfall befinden, und die trockene Hochklamm, die so genannte Fallstube, oberhalb des Falles. Man kommt bei einer Begehung an steilen und dicht bewachsenen Hängen vorbei, an senkrechten Felswänden und an wilden Wasserstrudeln. Der Weg ist so wagemutig in den Fels gearbeitet, dass man sich manchmal sogar bücken muss, um

unter den Felsen durchzukommen. Schließlich erreicht man das Felstor unter der Dreitorhütte.

Was für geologisch interessierte Besucher und Sammler von Versteinerungen interessant ist: Die Klamm wird nach einer linsenförmigen Tierart Nummulitenklamm genannt, was von „Nummus" = Münze kommt. Diese Tiere versanken bei der Alpenbildung vor dreißig Millionen Jahren im Meeresschlamm. Hier lebte auch die Krabbenart Xanthopsis Sonthofiensis, von der schon schöne Versteinerungen gefunden wurden. Am interessantesten für an Geologie und Versteinerungen interessierte Besucher ist der obere Teil, wo rötlich gefärbte Erzkalke mit Nummuliten zu finden sind.

Die Starzlachklamm war schon früh erschlossen und wurde genutzt, denn vor Zeiten wurden hier ein Eisenbergwerk und ein Schmelzofen betrieben. Da das Wasser als heilkräftig angesehen wurde, unterhielt man in Winkel bereits im 16. Jahrhundert eine Badstube. 1932 wurde die Klamm von dem Sonthofener Baumeister F. X. Ammann erschlossen und 1949 wieder zugänglich gemacht, nachdem sie im Krieg schwer beschädigt worden ist. 1983 war erneut eine Sanierung fällig, damals wurde auch die Klammhütte neu erbaut. Betreiber der am 12. Mai

STARZLACHKLAMM

1951 als Naturdenkmal unter Schutz gestellten Klamm ist der Verkehrsverein Sonthofen.

Der aus Sprengwegen und Stegen bestehende Weg durch die Klamm windet sich an reich bewachsenen Tobelhängen, wilden Wasserstrudeln und senkrecht zersägten Wänden vorbei.

Ausgangspunkt: Winkel.

Wegverlauf:

Der Weg zur Schlucht ist bereits ab Sonthofen oder Burgberg bezeichnet, vom Parkplatz aus sowieso. Nachdem wir die Schlucht durchwandert haben, bieten sich uns verschiedene Möglichkeiten. Sicherlich nicht zu verachten wäre, den Weg einfach zurück zu gehen, dies ist weniger langweilig, als man denkt. Schließlich sieht man von hier alles von der anderen Seite aus, also praktisch neu.

Man könnte aber auch eine kleine Rundwanderung unternehmen. Auch hier hat man zwei Möglichkeiten, entweder nördlich oder südlich der Starzlachklamm. Wer sich für die nördliche Variante entscheidet, geht am Ende der Klamm nach links steil hinauf. Man kann in der Alpe Topfen einkehren oder noch etwas geradeaus weitergehen bis zur Straße. Hier halten wir uns links, gleich darauf noch einmal in Richtung „Parkplatz Winkel". Nach kurzem Auf und Ab gehen wir auf dem alten Erzweg/Nothaldeweg zurück zum Ausgangspunkt. Bei der südlichen Rückweg-Variante geht man nach rechts hoch zu Weg 10 b und auf ihm zurück nach Winkel. Der Parkplatz liegt dann rechts des Ortes.

Die Starzlachklamm

Blick auf die Starzlachklamm

30 STEIGBACHTOBEL

Zeit:	Rund 1–3 Std., je nachdem.
Höhenunterschied:	Rund 130 m, zur Mittelberg-Alpe etwa 700 m.
Länge:	Rund 3 km.
Sonstiges:	Auf dem rutschigen Weg durch den Tobel ist Vorsicht angebracht.
Einkehrmöglichkeit:	Mittelberg-Alpe, Immenstadt.
Karte:	1:30 000, Zumstein Wanderkarte Nr. 6 Immenstadt.
Literatur:	Zur Mittelberg-Alpe: Dr. Peter Nowotny: Wanderungen zu Allgäuer Alphütten. Kempten.

Der Steigbachtobel oberhalb Immenstadts ist zwar relativ unbekannt, lohnt aber doch einen Besuch, zumal man ihn in kurzer Zeit besichtigt hat. Da man sich ohnehin nur im Wald aufhält, kann man diesen Ausflug auch bei trübem Wetter unternehmen.

Man findet hier „historische" Wildbachverbauungen, denn die Wasserfälle stürzen teilweise über uralte, romantisch bemooste Steinmauern herab.

Diese sind aus großen Steinklötzen gemauert. Die Fälle enden oft in tiefgrünen, märchenhaft wirkenden Tumpfen. Außerdem beeindrucken die riesigen, zyklopenhaft wirkenden Felsbrocken im Bachbett. Der Tobel erweckt mit den Baumstämmen, die hineingestürzt sind und die liegen bleiben, und der wild wuchernden Schluchtvegetation ohnehin einen urwaldartigen Eindruck.

Wem die Besichtigung des Tobels für einen Ausflug zu wenig ist, der steigt weiter empor, vielleicht bis zur Mittelbergalpe, wo man auch einkehren kann.

Ausgangspunkt: **Immenstadt.**

Wegverlauf:

Man kann direkt unterhalb des Tobels am Friedhof parken, hier ist man bereits am Steigbach und braucht nur noch dem Wasserlauf zu folgen. Oder man beginnt die Tour an der Talstation der Mittag-Schwebebahn. Hier orientieren wir uns an der Beschilderung „Wandergebiet Steigbachtal". Wir gehen nach rechts und sind nach wenigen Minuten ebenfalls am Bach angekommen. Hinter ihm nehmen wir den aufwärts führenden Schluchtweg durch den Tobel.

Der Tobelweg führt uns immer am Bach entlang und teilweise auf Stufen hinauf. Immer wieder hat man Gelegenheit, näher an das Wasser und die Wasserfälle heranzukommen. Schließlich verlassen wir ihn kurz vor einer Kapelle.

Wie wir der Inschrift entnehmen können, wurde sie um 1800 erbaut an einer Stelle, an der sich die Immenstädter 1632 im Dreißigjährigen Krieg vor den Schweden verschanzt hatten.

Nun gehen wir auf dem Forststräßchen auf der anderen Seite des Baches wieder zurück ins Tal und hier nach rechts zurück zum Ausgangspunkt.

Wer will, kann die Wanderung aber auch noch ausdehnen, indem er das

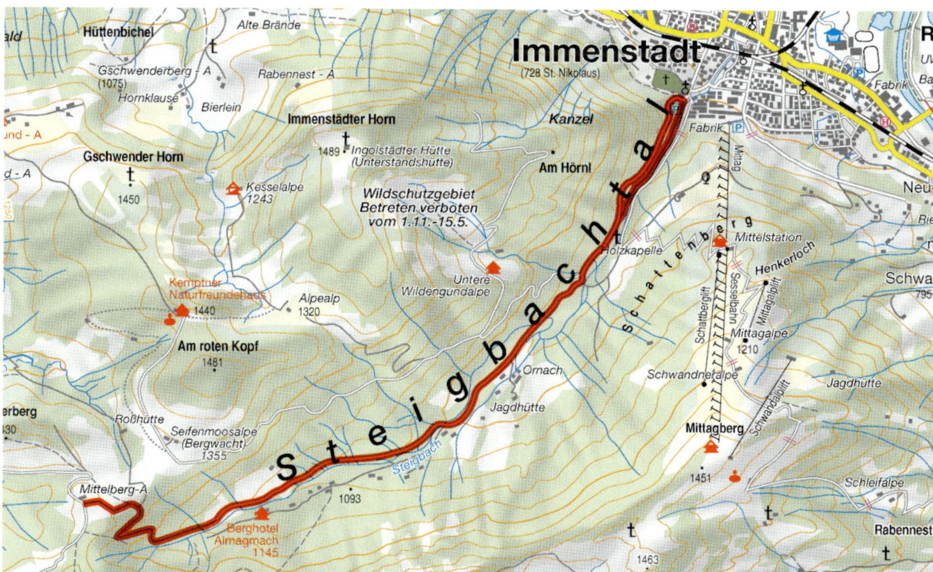

Steigbachtal weiter hoch wandert, solange er möchte. Ein schönes Ziel wären beispielsweise das Berghotel Almagmach (1145 m) oder die Mittelberg-Alpe (1368 m). Dies ist schon deswegen lohnend, weil es hier herrlichen Bergkäse gibt – schließlich erhielt der Pächter Hermann Spettel 1998 die Staatsmedaille für Verdienste um die Alpwirtschaft.

Wasserfall im Steigbachtobel

ÖSCHLESEE

Öschlesee (Sulzberger See – 706 m)

Volumen	max. Tiefe	max. Länge	mittlere Breite	Oberfläche	Umfang	Einzugsgebiet	Wassererneuerung
2,53 hm^3	14,7 m	1,11 km	0,33 km	36,1 ha	3,26 km	3,6 km^2	322 Tage

Zeit: Rund 1–2 Std.

Höhenunterschied: Unwesentlich.

Länge: Rund 21 km.

Sonstiges: Für die Strecke entlang der Iller wird ein stabiles Rad empfohlen.

Bademöglichkeit: Öschlesee.

Karte: 1:105 000 Freizeiterlebniskarte Allgäu, AVA Verlag.

Der Öschlesee liegt in den Illervorbergen im Markt Sulzberg und besitzt eine Wasserfläche von etwa 36,09 Hektar, um den See herum befinden sich etwa 130 Hektar Landschaftsschutzgebiet. Er ist ein Natursee und maximal 14,7 m tief. Sein Einzugsgebiet umfasst eine Fläche von 3,63 km^2, sein Wasservolumen 2,53 hm^3, das rein rechnerisch alle 322 Tage ausgetauscht wird. Nach dem See haben sich die Sulzberger Ortsteile Öschle, südwestlich gelegen, und See im Norden benannt. Er gehörte erst den Rittern von Sulzberg, von denen er 1358 an die Herren von Schellenberg kam. Diese verkauften ihre Herrschaft einschließlich des Sees 1525 an Friedrich von Freyberg-Eisenberg, kurz darauf gelangte er in das Eigentum des Stiftes Kempten. 1803 bei der Säkularisierung wurde der See versteigert, der Preis betrug 52 Gulden. Heute ist er in Privatbesitz. Nach einer Sage befand sich am Platz des Sees einst eine große Stadt. Die Einwohner waren fleißig und friedliebend. Eines Tages aber wanderte ein Bauernsohn nach Italien aus und lernte das Goldmachen. Als er wieder

Öschlesee (Sulzberger See – 706 m)

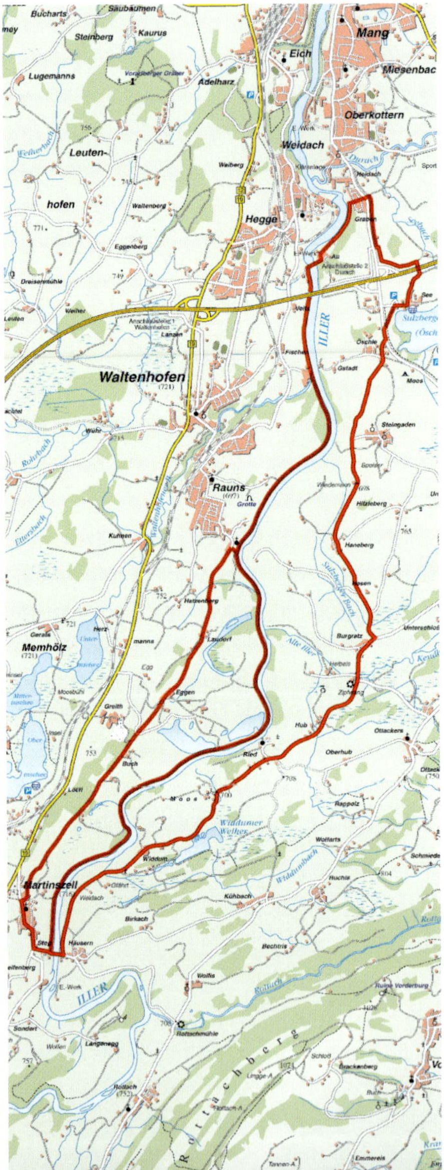

zurückkam, wollten die Leute erst nicht mehr viel von ihm wissen. Er baute sich aber wie eine Herrschaft einen Palast und unterhielt eine Hofhaltung, als ob er ein König wäre. Da kamen die Leute der Stadt einer nach dem anderen heimlich zu ihm, um von ihm zu lernen, wie man Gold macht und ebenso reich wird.

Der Goldmacher gab ihnen auch das Rezept, sie mussten ihm aber ihre Seele verkaufen. Und bald wurde ein Palast nach dem anderen gebaut, nur die Kirche war immer noch klein und bescheiden, denn dafür wollte keiner Geld ausgeben. Die Leute lebten aber in Saus und Braus, bis eines Tages das göttliche Strafgericht über sie kam: Eine große Wasserflut brach vom Himmel herab und begrub die ganze Stadt unter sich.

Man sagte, dass man in der Tiefe des Sees einen rötlichen Schimmer sehen könne. Der würde vom goldenen Dach des Bürgermeisterhauses kommen. Als aber zwei mutige Männer einmal danach tauchten und auch eine Dachplatte lösen konnten – da hielten sie bei ihrem Auftauchen nur Blutegel und Molche in den Händen! In der Filialkirche St. Michael in Ried bei Ottackers befinden sich schöne Altäre mit prächtigen Figuren von etwa 1699 aus dem

Umkreis des Meisters des Imberger Altars. Auch die Kanzel von 1699 ist sehenswert.

Ausgangspunkt:
Öschlesee, Ortsteil See.

Wegverlauf:
Wir fahren in die Ansiedlung See hinein und biegen vor der kleinen Kapelle nach links ab in Richtung „Kempten". Nach der Unterquerung der Autobahn zieht der Radweg nach links und bringt uns nach Graben. Hier biegen wir nach links in die Illerstraße ein. Es geht hinab, dann überqueren wir auf einem eisernen Steg die Iller. Direkt dahinter biegen wir nach links ab und fahren auf dem Iller-Radweg immer am Fluss entlang. Ab Rauns haben wir zwei Möglichkeiten. Entweder wir radeln weiter unten am Fluss bis Martinszell oder, falls wir etwas Aussicht auf das Illertal und die Allgäuer Bergwelt genießen wollen, orientieren wir uns rechts, hoch zur Kirche. Hier biegen wir nach links ab und fahren auf dem Sträßchen über Eggen nach Martinszell. Hier halten wir uns links und rollen hinab zur Iller, die wir auf einer Brücke überqueren. Hierher kommen auch diejenigen Fahrer, die den Weg am Fluss entlang genommen haben.
Direkt hinter dem Fluss biegen wir nach links ab. Bald liegt rechts der Widdumer Weiher (siehe Nr. 37). Über Ried bei Ottackers, wo links ein Kirchlein steht, kommen wir nach Burgratz; hier biegen wir nach links ab und fahren zurück zum Ausgangspunkt. Falls man es nicht bereits vor der Radtour gemacht hat, sollte man es jetzt nachholen: eine Umrundung des Sees bringt schöne Landschaftseindrücke, insbesondere vom Nordufer aus, wenn man als Hintergrund hinter dem Wasser die Berge sieht.

Der Öschlesee bei Sulzberg

32 VILSALPSEE

Vilsalpsee (1165 m) – Traualpsee (1643 m)

Zeit:	Vom Vilsalpsee zum Traualpsee 1 Std., weiter zur Landsberger Hütte etwa 1 Std. Zurück 1,5–2 Std.
Höhenunterschied:	Zum Traualpsee rund 480 m, zur Landsberger Hütte zusätzlich etwa 160 m.
Sonstiges:	Die Tour verläuft auf alpinen Steigen. Trittsicherheit und, je nach Weiterweg, Schwindelfreiheit ist nötig.
Karte:	1:25 000, Zumstein Wanderkarte Nr. 7 Tannheimer Tal.

Der bereits in Tirol liegende Vilsalpsee befindet sich in einem Naturschutzgebiet am Ostabfall der Allgäuer Alpen, zu diesem Naturschutzgebiet gehört auch die Umgebung mit den Bergen, die durch schroffe Kalkfelsen, stolze Gipfel und Grate gekennzeichnet sind.

Von Tannheim aus ist der See mit den beiden Gasthäusern zwar mit dem Auto zu erreichen, allerdings nur bis 10 Uhr vormittags und ab 17 Uhr nachmittags, ansonsten verkehren Pendelbusse, der „Alpen-Express" und Pferdekutschen – auch ein Erlebnis! Auch erwandern oder erradeln kann man die Strecke und ist so unabhängig von allen Terminen. Wer möchte, unternimmt eine Wanderung rund um den See zur Vilsalpe und zurück. Von der Vilsalpe aus kann man in einem weiteren Rundweg nach Süden zum Talschluss des Bergaicht gehen. Eine weitere Möglichkeit für diejenigen, die die Bergwelt erobern wollen, ist, von seiner Südostseite aus über einen Steig in etwa 1 Stunde zum Traualpsee und in einer weiteren zur darüber liegenden Landsberger Hütte zu gelangen. Und wer weiter möchte: von hier aus geht es auf Steigen zu den umliegenden Gipfeln und zur Gappenfeldscharte.

Das Landschaftschutzgebiet ist durch mehrere Seen in verschiedenen Höhenstufen gekennzeichnet: Vilsalpsee (1165 m), Traualpsee (1643 m), Lache (1770 m) und Alplsee (1600 m).

Der Talboden um den Vilsalpsee wird als Alpweide bzw. Mahdwiese genutzt. An den Hängen um die Wiesen stockt ein mit Bergfichten bewachsener Wald. Ein besonderes Erlebnis für Naturfreunde ist der Talschluss im Süden der Vilsalpe, denn hier in der so genannten Bergaicht oder Bärgacht wächst ein interessanter Fichten-Block-Urwald, es gibt verschiedene Wasserfälle und die Umgebung ist durch steile Felswände aus Kalkfels gekennzeichnet. Im Süden des Vilsalpsees verläuft das Gelände stufenförmig und steile Karschwellen wechseln sich mit flachen Karen ab. Darüber liegt alpines Gelände, das dem erfahrenen Bergsteiger vorbehalten ist. Die das Landschaftsschutzgebiet umrahmenden Gipfel bestehen aus Dolomitgestein.

Im Einzelnen sind es die Schochenspitze (2069 m), die Leilachspitze (2274 m), die Krottenköpfe, die Lachenspitze (2126 m), die Steinkarspitze (2015 m), der Kastenkopf (2135 m), das Kugelhorn (2126 m), das Rauhhorn (2241 m)

und das Gaishorn (2247 m). Um den Traualpsee liegen im Westen die Rote Spitze (2130 m) sowie das Geierköpfle (1672 m). Zwischen den Gipfeln befinden sich flachere Hänge, die mit blumenreichen Matten bewachsen sind; ansonsten fallen die Kalkfelsen nach Norden hin steil ab. Östlich des Traualpsees, am Fuß von Schochenspitze, Lachenspitze, der Krottenköpfe und der Leilachspitze liegt das Gappenfelder Notländ, ein hoch gelegenes Kar, das den Talschluss des nach Osten laufenden Birkenkars bildet. In ihm entspringt der zum Lech hin entwässernde Weißenbach. Hier wachsen Zirben, Latschen, Seggen und Alpenrosen; deswegen und wegen seiner Abgeschiedenheit wurde es nur in Notzeiten als Weideland genutzt, wovon der Name kommt.

Um die Seen liegt das 18,2 km^2 große Naturschutzgebiet Vilsalpsee; es erstreckt sich von 1160 bis 2274 m Höhe und steht seit 1957 unter Schutz; eine Neuverordnung fand 1998 statt. Das Gebiet gehört zu den Tiroler Gemeinden Tannheim und Weißenbach, Bezirk Reutte.

Der 1165 Meter hoch liegende Vilsalpsee ist etwa siebzig Hektar groß, 1,4 Kilometer lang und 300 bis 500 Meter breit. Seine maximale Tiefe beträgt 27 Meter. Dieser größte See im Naturschutzgebiet entwässert nach Norden durch die Vils, die von einer schönen Grauerlenflur begleitet wird. Sein Wasser erhält er von zahlrei. chen Zuläufen von kleinen Bächen und Quellen. An seinem südwestlichen Ende gibt es eine umfangreiche Verlandungszone, in der man den Teich-Schachtelhalm und die Schnabelsegge findet; weiter landeinwärts gibt es feuchte Lägerfluren, in denen u. a. Amphibien wie Grasfrösche und Erdkröten oder Wasservögel wie die Stockente, das Blässhuhn oder der Haubentaucher brüten. Vom Haubentaucher hat man hier den höchsten Brutnachweis in Österreich. Weitere Tiere, die hier leben, sind der Gänsesäger und die Reiherente. Fische findet man auf Grund der Höhenlage nur wenige im Vilsalpsee; hier leben die Elritze, die Karausche, die Schleie, das Rotauge, die Seeforelle, die Regenbogenforelle und der Seesaibling; in der Vils findet man insbesondere die Bachforelle.

Etwa 480 Meter über dem Vilsalpsee liegt auf einem Plateau in 1643 Meter Höhe der Traualpsee, ein Karsee; er ist etwa 400 mal 600 Meter groß und wurde in den sechziger Jahren des 20. Jahrhunderts zum Zwecke der Energiegewinnung aufgestaut.

Er ist von blumenreichen Bergwiesen umgeben, in denen man verschiedene Enzianarten, darunter den Gelben Enzian, aus dem man früher Schnaps brannte, Germer und Alpendost findet. Die auch Oberer Traualpsee oder

Lachensee genannte Lache liegt auf etwa 1770 Meter Höhe südlich oberhalb des Traualpsees bei der Landsberger Hütte. Das Gewässer ist etwa 180 mal 100 Meter groß und sechs bis sieben Meter tief.

Auch dieser Karsee liegt am Fuß der Lachenspitze. Ihr unterirdischer Auslauf verläuft nach Westen und bildet in der Karschwelle zum Traualpsee einen Wasserfall.

Umgeben ist sie von mit Latschen und Zwergstrauchheiden, insbesondere der Bewimperten Alpenrose, bewachsenen Hängen. Die Lachenspitze schickt Schutthalden zum See, auf ihnen wächst das Rundblättrige Täschelkraut, das als Pionierpflanze Schutthalden bevölkert.

Der kleinste dieses Viergestirns an Seen um den Vilsalpsee ist der 1620 Meter hoch gelegene Alplsee. Er ist etwa 85 mal 100 Meter groß und liegt unterhalb der Kastenalpe im Kar zwischen der Steinkarspitze, der Kalbeggspitze und dem Kastenkopf. Um den kleinen See herum findet man ausgedehnte Feuchtwiesen und schöne Verlandungsmoore.

Er ist wegen seiner Verlandungsmoore das interessanteste Feuchtgebiet im gesamten Naturschutzgebiet. Sein mäandrierender Auslauf zeigt nach Norden und stürzt als Wasserfall im

Der Vilsalpsee

32 VILSALPSEE

Vilsalpsee (1165 m) – Traualpsee (1643 m)

Bergaicht hinab in den Talschluss südwestlich des Vilsalpsees.

Die Pflanzenwelt ist durch eine große Zahl von verschiedenen Lebensräumen gekennzeichnet; hier wachsen u. a. gefährdete Pflanzen- und Tierarten. Es beginnt mit den „normalen" Alpweiden in tieferen Bereichen um den Vilsalpsee, wo man bunt blühende Mahdwiesen sieht. Von ihm zum Traualpsee liegt ein steiles Felsgelände, das in seinem unteren Teil mit Fichten, höher dann mit Latschen, Grünerlen, Birken und Zwergsträuchern bewachsen ist.

Über dem Traualpsee befindet sich eine Karschwelle, auf der Zirben wachsen. In den alpinen Rasen über der Waldgrenze findet man zahlreiche geschützte Pflanzen wie Alpenaster, Arnika, Edelweiß, Enziane, darunter der Gelbe, Gemswurz, verschiedene Orchideen und verschiedene Arten von Steinbrech; weitere Arten, die man im Schutzgebiet findet, sind Händelwurz, Greiskraut und Glockenblumen.

An Tieren leben hier Gämsen, Murmeltiere, Rothirsche oder der Alpensalamander, der bei trübem, feuchtem Wetter auch tags aktiv ist. Die Verlandungszone ist als Laichgebiet für Erdkröte und Grasfrosch besonders beliebt. Besonders zahlreich ist aber die Vogelwelt vertreten, so dass das Naturschutzgebiet Vilsalpsee als internationales Vogelschutzgebiet ausgewiesen wurde; es ist außerdem als ein Schutzgebiet nach der Habitat-Richtlinie für das europäische Schutzgebietsnetz Natura 2000 der EU vorgeschlagen. Hier findet man alle Charakterarten von der subalpinen bis zur alpinen Zone. In den Höhenlagen, der alpinen Stufe, findet man Schneehuhn, Schneefink, Alpenbraunelle, Birkhuhn, Steinschmätzer, Hausrotschwanz und Turmfalke. Ein Vogel der Almweiden ist der Bergpieper. Um die Landsberger Hütte leben in den zirbenbewachsenen Karstufen, ebenso aber in den tieferliegenden Latschenfeldern und Gehölzen der Hänfling, der Birkenzeisig, der Zitronengirlitz, der Fichtenkreuzschnabel und die Ringdrossel. Es gibt fünf verschiedene Wasservogelarten um den See, davon vier brütende, was für Tirol eine bemerkenswert hohe Zahl ist.

Ausgangspunkt: Vilsalpsee.

Wegverlauf:
Zum Vilsalpsee gelangt man wie oben beschrieben auf verschiedene Arten. Man wandert nach links an ihm entlang, bis man nach wenigen Minuten nach links zum Traualpsee und zur Landsberger Hütte verwiesen wird. Nun geht es auf einem Steig steil aufwärts bis zum See. Wer noch weiter möchte, spaziert an seinem Ufer entlang, dann folgt eine weitere Steilstufe, die einen hinauf zur Landsberger Hütte bringt.

Nach dieser zwei- bis dreistündigen Wanderung kann man auf demselben Weg zurückkehren. Man hat aber noch weitere Möglichkeiten, muss aber den jeweiligen Rückweg noch mit einkalkulieren, wenn man nicht auf der Hütte übernachten möchte.

So könnte man nach Westen wandern, oberhalb des Alplsees in 11/2 Stunden zum Kirchdachsattel, von dem aus man einen herrlichen Blick hinab zum Schrecksee hat.

Oder man könnte hinauf zur Schochenspitze steigen, was aber zusätzliche 260 Höhenmeter mit sich bringt, dafür aber herrliche Tiefblicke zum See bietet. Auch ein Aufstieg zur Lachenspitze (zusätzlich 320 m) ist möglich, aber nur bergerfahrenen Wanderern zu empfehlen. Dafür bietet sie einen herrlichen Blick auf die Seen! Wer möchte, wandert von hier aus weiter zur Gappenfeldscharte und steigt von ihr aus hinab zur Zufahrtsstraße Tannheim–Vilsalpsee.

Eine schöne Möglichkeit, die Bergwelt um die Seen zu erobern, wäre auch, von Tannheim aus mit dem Sessellift zum Neunerköpfle hochzufahren und von hier aus nach Süden zu wandern. Vorbei an der Sulzspitze und über die Schochenspitze gelangt man so zur Landsberger Hütte. Hier steigt man über den Traualpsee ab zum Vilsalpsee und geht oder fährt von ihm aus zurück nach Tannheim.

Der Vilsalpsee

33 VILSFALL

Zeit:	Rund 2 Std.
Höhenunterschied:	Unwesentlich.
Länge:	Rund 6 km.
Sonstiges:	Gut zu gehende Wege, auch für Kinder geeignet.
Einkehrmöglichkeit:	Rehbach.
Karte:	1:25 000, Zumstein Wanderkarte Nr. 7 Tannheimer Tal.

Diese Tour ist recht kurz, wer möchte, kann sie noch etwas ausdehnen. Der Vilsfall, den wir dabei besuchen, ist zwar durch das Elektrizitätswerk etwas beeinträchtigt, er ist aber immer noch eine Sehenswürdigkeit. Im oberen Teil stürzt er in ausgewaschene Kolke, die aussehen wie moderne Kunstwerke.

Dann fließt er teilweise in den Rinnen bergab, die scharf in den schräg geschichteten Fels eingegraben sind und fällt schließlich ebenfalls über schräg geschichtete Felsplatten in einem dritten Teil hinab auf die Höhe des Unteren Gebäudes des Elektrizitätswerkes.

Hier endet er in einem flachen, grünen Tumpf.

Ausgangspunkt:
Wies, Tannheimer Tal.

Wegverlauf:
Eine Parkmöglichkeit finden wir bei der Kirche in Wies. Nun durchschreiten wir diesen Weiler, danach Kappl, und kommen anschließend durch die Wiesen.

Wo der Wald anfängt, sehen wir einige Scheunen, hier folgen wir dem Pfad nach links abwärts in Richtung „Rehbach".

Wir kommen nun hinab zur Staumauer des Elektrizitätswerkes. Rechts davon befindet sich der Vilsfall. Nach der Staumauer sollten wir nach rechts hinunter zum unteren Gebäude gehen.

Danach kehren wir wieder zurück zur Staumauer.

Wer möchte, kann nun dem Wegweiser nach rechts nach Rehbach folgen, wer lieber eine kürzere Tour bevorzugt, folgt dem Weg entlang der Vils. Wir müssen kurz danach nach

links zur Kläranlage abbiegen; vor ihr geht es dann nach rechts und immer am Bach entlang zurück zum Ausgangspunkt.

34 WEISSENSEE

Weißensee (787 m)

Volumen	max. Tiefe	max. Länge	mittlere Breite	Oberfläche	Umfang	Einzugsgebiet	Wassererneuerung
16,52 hm^3	25 m	2,4 km	0,56 km	134,7 ha	6,1 km	14,6 km^2	582 Tage

Zeit: Rund 2 Std.

Höhenunterschied: Unwesentlich.

Länge: Rund 5 km.

Sonstiges: Man geht auf guten Spazierwegen, aber auch auf felsigen und unbefestigten Wegen. Im Ortsteil See gibt es eine prächtige Badegelegenheit, mit „allem Drum und Dran“, einschließlich Umkleidekabinen, Kiosk und Toiletten – und was das Schönste daran ist: die Benützung ist kostenlos!

Karte: 1:30 000, Zumstein Wanderkarte Nr. 1 Füssen.

Der Weißensee ist einer der lieblichsten Seen des seenreichen Ostallgäus. Er entstand wie auch die meisten anderen Seen nach der letzten Eiszeit und vor Jahrtausenden spiegelte sich der Säuling in einem riesigen See. Dieses Wasser ist heute verlaufen, heute spiegelt er sich „nur“ noch in zahlreichen kleineren Seen, die nach dem Verschwinden des großen übrig geblieben sind. Am schönsten vielleicht im Weißensee, der wie eine Offenbarung urplötzlich auftaucht, wenn man sich von Pfronten her nähert.

Wer dies noch nie erlebt hat, wird vom plötzlichen Auftauchen von Berg und See überrascht sein. Schon viele Bremsmanöver auf der Bundesstraße waren

auf diesen unerwarteten Anblick zurückzuführen.

Doch wie entstand der See? Als der Lechgletscher abgeschmolzen war, blieb eine riesige Wasserfläche übrig, die aber allmählich verlandete und nur kleine Seen übrig ließ. Und einer von diesen ist der Weißensee, vielleicht der schönste.

Die Ufer des Sees bilden sanfte Buchten und auf einer hohen, schmalen Landzunge liegt die malerische Silhouette der kleinen Kirche von Weißensee. Schön ist der See zu jeder Jahreszeit, aber am schönsten vielleicht im Spätherbst, wenn das Laub der Birken bunt vor dem Hintergrund der dunklen Wälder des Salober, der sich bis zum Falkenstein hinzieht, aufleuchtet. Dann entfaltet auch das Schilf seine volle Farbenkraft! Im Osten des Sees steigt der kalkhelle Säuling empor – von hier aus erinnert er an das Matterhorn.

Südlich vom See liegt der dunkel bewaldete Bergrücken des Salober, an dessen Ende sich der Wettersteinkalkfelsen befindet, auf dem die Ruine Falkenstein, Deutschlands höchstgelegene Burgruine, steht. Westlich davon sieht man die Nesselwanger Alpspitze.

Im See leben Aale, Hechte, Renken, Saiblinge, Schleien, Seeforellen und

34 WEISSENSEE

Weißensee (787 m)

Zander, auf ihm findet man Schwäne, Haubentaucher, Blässhühner und verschiedene Arten von Wildenten.

Der Name Weißensee wurde im 12. Jahrhundert zum ersten Mal erwähnt durch die „Herren von Wicense". Am Nordufer gibt es zwei kunsthistorische Glanzlichter: Zum einen die 1463 erbaute Pfarrkirche St. Walburg, deren Ursprünge jedoch bis ins 12. Jahrhundert zurück reichen. Sie wurde 1670 umgebaut und zeigt sich nun im Inneren in schönstem Rokoko.

Der Choraltar stammt von Dominikus Zimmermann, dem späteren Erbauer der Wieskirche.

Außerdem liegt direkt am See das ehemalige Fischerhaus der Füssener Äbte, der jetzige Pfarrhof. Gut proportioniert, mit seinem hohen vierseitigen Walmdach und seinem quadratischen Grundriss strahlt er eine beruhigende Harmonie aus.

Ausgangspunkt: Weißensee.

Wegverlauf:

Parkmöglichkeiten gibt es verschiedene. So beispielsweise am Ostende, an der zum Alatsee führenden Straße, entlang der B 310 im Ortsteil Weißensee oder bei der Badeanlage im Ortsteil See.

Eine genaue Wegbeschreibung benötigt man zu diesem Spaziergang nicht. An der naturbelassenen Südseite wandert man unterhalb des Waldes.

Es gibt kleine Bachläufe, man muss auf Wurzeln aufpassen und als „Höhepunkt" erweisen sich das felsige „Törle" und der sechzig Meter lange Hugo-Ludwig-Steg.

Am Nordufer des Sees spaziert man zeitweise neben der Straße entlang, hat dafür aber herrliche Blicke auf das Schilf, den See und die Bergumrahmung.

Der Weißensee

Blick auf die Kirche und den Pfarrhof

35 WERDENSTEINER MOOS

Historische Moorlandschaft

Einst gehörte das zu Füßen der gleichnamigen Burgruine gelegene „Werdensteiner Moos" zu den weitläufigen Besitzungen der einst reich begüterten Herren von Werdenstein, die im frühen Mittelalter im Allgäu großen politischen und wirtschaftlichen Einfluss ausübten. Georg von Werdenstein verfasste im Jahre 1526 ein dreiteiliges Dokument, in dem er eindrucksvoll die Ereignisse der damaligen Bauernkriege beschreibt.

Werdensteiner Moos

Es ist zu vermuten, dass die Rittersleute damals dieses ausgedehnte Moorgebiet zur Gewinnung von Torf als Heizmaterial für die Kamine in den von mächtigen Mauern umschlossenen Palas mit den angegliederten Kemenaten und Gemächern nutzten.

Eigentümliche Fauna und Flora

Als ein Niederungsmoor ist das „Werdensteiner Moos" im Gegensatz zu einem nur vom nährstoffarmen Regenwasser gespeisten Hochmoor durch die Verlandung der nährstoffreichen Seen, Teiche und Flüsse in den Illerauen entstanden.

Das Besondere daran ist, dass in dieser Sumpflandschaft, bedingt durch den hohen Grundwasserspiegel, abgestorbene Pflanzenteile nicht vermodern, sondern vertorfen. Darauf wachsen bestimmte Baumarten, unter denen sich eine nur gelegentlich von Teichen und Tümpeln unterbrochene Pflanzendecke aus Moosen, Flechten und Hartgräsern entwickelt, die dann zum Lebensraum einer großen Vielfalt von Lurchen, Fröschen und Insekten wird. Dies ist wiederum Voraussetzung für die Entwicklung der typischen Vogelwelt.

Die besonderen Eigentümlichkeiten und die herbe Schönheit der urtümlichen Pflanzen und Tierwelt des Werdensteiner Mooses werden für jeden erlebbar, der mit offenen Augen

35 WERDENSTEINER MOOS

Historische Moorlandschaft

und Ohren dieses Gebiet wie das „Werdensteiner Moos" durchwandert.

Abwechslungs- und lehrreicher Wanderweg

Dazu wurde in der malerischen Landschaft des zwischen der Burgruine Werdenstein und dem Weiler Thanners gelegenen „Werdensteiner Moos" ein leichter und abwechslungsreicher Wanderweg durch dieses Naturparadies angelegt, der besonders auch für Familien mit Kindern geeignet ist. Inzwischen kann der Weg komplett innerhalb des Mooses auf einem mit Hackschnitzeln aufgeschütteten Mooslehrpfad begangen werden, von dem aus die Entwicklung des Renaturierungsprojektes gut zu beobachten ist.
Begonnen werden kann die ca. 3,5 km lange, leichte Rundwanderung vom Wanderparkplatz in Thanners oder auch in Eckarts (ca. 4,5 km), von wo der Weg mit der Beschilderung „Rundweg Werdensteiner Moos" ausgeht. Begleitet von zahlreichen Informations- und Schautafeln mit Hinweisen auf die naturkundlichen Besonderheiten am Wegesrand, führt der Weg über Knüppeldämme und Brücken immer am Rand des Mooses entlang und bietet wunderschöne Einsichten in die faszinierende Moorlandschaft.

Die Wanderung kann in beide Richtungen durchgeführt werden. Einkehrmöglichkeiten sind in Eckarts und in Thanners geboten.

An beiden Ausgangspunkten erleichtern Übersichtskarten und Hinweistafeln die Orientierung über den Streckenverlauf.

Etwas Besonderes – Natur pur unter der Fußsohle

Entspannen Sie sich bei einer Barfußwanderung im Werdensteiner Moos. Weicher Waldboden, Hackschnitzel, Gras, Moos, Sand, Kies, Splitt, Schotter und Schlamm wirken auf Ihre Füße wie eine natürliche Fußreflexzonenmassage. Barfußgehen ist ein sinnliches Vergnügen für jung und alt, mit großem gesundheitlichem Nutzen.
Auch Kinderwünsche wurden erfüllt und abenteuerliche Spielelemente mit ins Gelände eingebaut. Es lohnt sich auf jeden Fall, diesen Werdensteiner Naturwanderweg mit Barfußpfad zu besuchen.

Werdensteiner Moos

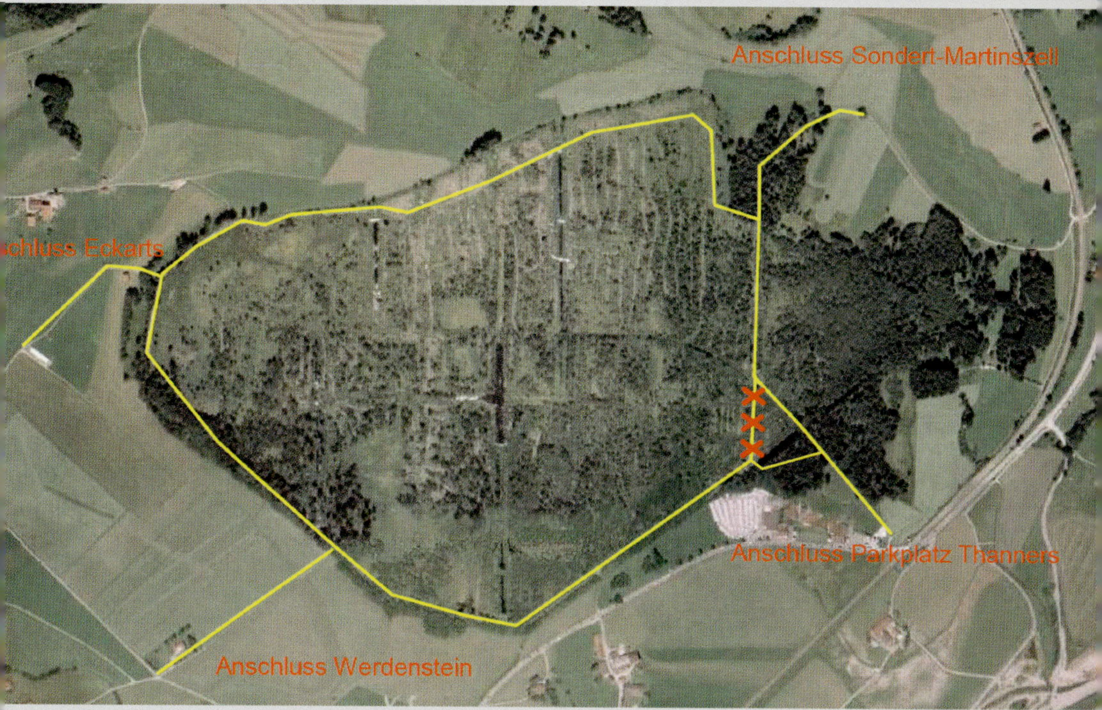

Ihre Gastgeber ums Werdensteiner Moos

Eckartser Barfußpfad

Barfußlaufen macht Spaß & ist gesund

Genießen Sie ohne Schuhe und Strümpfe die Natur und machen Sie sich das naturnahe Gehen bewusst!

Der Barfußpfad wurde auf Initiative der Vermieter aus Eckarts gebaut.

Das Renaturierungsprojekt „Werdensteiner Moos" ist entstanden im Zusammenwirken von: Bayerische Staatsforstverwaltung Forstamt Kempten, Bund Naturschutz in Bayern e.V., Stadt Immenstadt im Allgäu und Fördermittel des Freistaats Bayern

36 WERTACHTAL

Zeit:	Rund 3 Std.
Höhenunterschied:	Rund 170 m.
Länge:	Rund 9 km.
Sonstiges:	Bis auf ein kurzes Stück, das aber umgangen werden kann, gut zu gehende Wege.
Karte:	1:30 000, Zumstein Wanderkarte Nr. 2 Nesselwang.

Das Wertachtal nördlich von Nesselwang ist ein Durchbruchstal und teilweise schluchtartig verengt. Der Fluss läuft hier noch in seinem natürlichen Bett; bedingt durch die Feuchtigkeit weist die Natur teilweise urwaldartigen Charakter auf.

Die Strecke zählt zu den bedeutendsten Wildfluss- und Schluchtlandschaften Bayerns und erweckt den Eindruck ungestörter Natur. Auch das steile Relief weist eine reiche geologische Formenfülle auf. Links und rechts des Flusses bzw. Weges sehen wir einige mächtige Felsen.

Die Wertach suchte hier den günstigsten Abfluss zwischen den Moränen des eigenen Gletschers und des Lechgletschers, der sich mit einer großen Eismasse aus der Gegend von Vils und Pfronten herüber schob. So musste sich die Wertach durch die ganze Faltenmolasse durchsägen. Im Gebiet um die Fischersäge ist die jüngste Molasseschicht, die so genannte Untere Süßwassermolasse, aufgeschlossen. Zu diesem Untergrund gehören die meist rötlich-braun gefärbten Nagelfluh-, Sandstein- und Mergellagen. Die Farbe stammt von dem braunen Verwitterungslehm aus den einst warmen Zonen.

Deshalb sind hier auch mehrfach dünne Lagen von Pechkohle eingeschaltet, die von den tropischen und subtropischen Gewächsen der Sumpfwälder stammen, die an den Flüssen und Seen im Alpenbereich wuchsen.

Die Lager wurden um 1860 entdeckt und daraufhin – insbesondere zu Beginn des 20. Jahrhunderts – ausgebeutet. Man förderte 1920 400 Tonnen

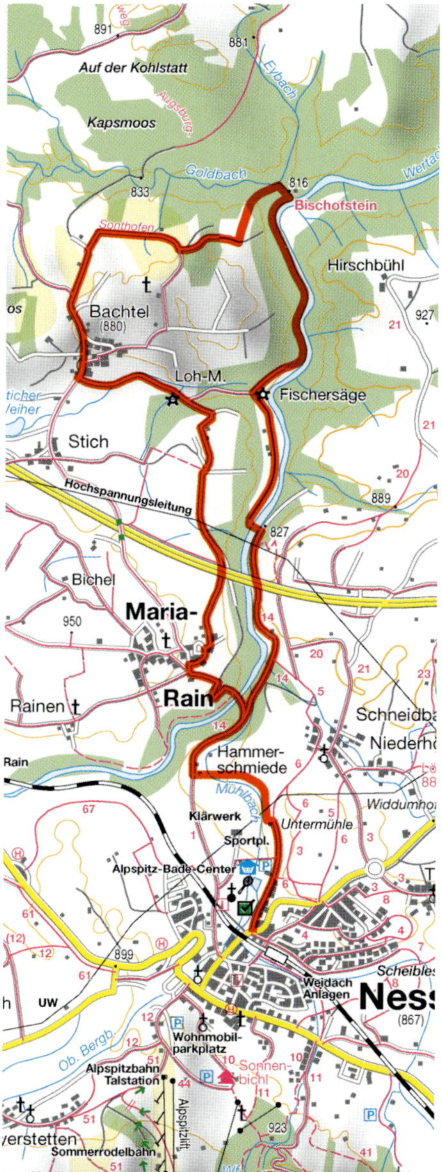

Kohle, stellte aber bereits 1923 den Abbau wegen der geringen Mächtigkeit und Qualität der Kohle ein.

Man findet steile Hänge, freiliegende Felsen mit verschiedenen Gesteinsarten, Kalktufffelsen und rutschige Halden; dadurch ist das insgesamt etwa 15 Kilometer lange Tal ein wahres Dorado für die verschiedensten Pflanzen- und Tierarten.

Auf dem Weg von Nesselwang zur Hammerschmiede liegt rechts ein mächtiger Prallhang. Der ursprüngliche Fluss, der ihn erschuf, ist längst versiegt. Hier befand sich der Abfluss des Pfrontener Sees, der einst bis Reutte reichte.

Erst als der Lech am Lechfall bei Füssen durchbrach, fiel dieses Tal trocken. Als Relikte aus der Eiszeit findet man Schneeheide, Kronenlattich, Gewöhnliches Fettkraut, Kies-Steinbrech, Zierliche Glockenblume, Hufeisenklee, Alpen-Distel, Ruprechtsfarn, Mauerraute und Blaugras, außerdem wachsen auf der linken Flussseite Silberwurz und Aurikel.

Im feuchten Auwald nach der Fischersäge stocken Esche, Ahorn, Ulme, Fichte und Grau-Erle, ansonsten wächst Quirlblättrige Weißwurz, Hainsalat, Bunter Eisenhut, Akeleiblättrige Wiesenraute, Klee-Schaumkraut, Alpen-

Heckenrose, Alpen-Heckenkirsche, Rippensame, Wald-Labkraut und das Zweiblütige Veilchen, an den Felsen Zierliche Glockenblume, Grüner Streifenfarn und Blasenfarn.
Es wurde ein Naturlehrpfad ausgeschildert, der 2,5 Kilometer lang ist.

Ausgangspunkt: Nesselwang.

Wegverlauf:
Wir spazieren am ABC (Alpspitzbad) entlang (auch dahinter am Sportplatz gibt es – kostenlose – Parkmöglichkeiten), lassen den Sportplatz links liegen und halten uns hinter dem letzten Haus links („Hammerschmiede Wertachtal").
Bald erreichen wir die Hammerschmiede. Sie arbeitete ihrem Namen gemäß bis 1820, danach war hier eine Kistenmacherei und von 1890 bis 1923 eine Reißzeugfabrik.
Im Wertachtal wandern wir nun einige Zeit auf dem Lehrpfad. Hierzu halten wir uns rechts, gehen unter der Autobahnbrücke hindurch und kurz danach nach links über den Fluss. Dahinter spazieren wir über einen schönen Wiesenweg nach rechts, vorbei an einem Hof zur Fischersäge.
Hier orientieren wir uns nach links zur Lohmühle. Wer möchte, kann die kurze Tour ab hier noch ausdehnen: Der Weg geradeaus war im Begehungsjahr zwar gesperrt: „Wanderweg nicht begehbar" hieß es, wer aber ordentliches Schuhwerk anhatte, kam trotzdem durch. Kommt man nicht mehr weiter, kann man ja immer noch umdrehen. Die immer wilder werdende Natur lohnt den Abstecher auf jeden Fall.
Das „nicht begehbar" bezog sich auf ein kurzes Stück, wo der Weg abgerutscht war. Man konnte aber noch ganz gut weiterkommen – oder eben umdrehen. Wir kommen zu einer Verzweigung, an der wir uns links halten. Es geht steil hinauf, erst durch Wald, dann über Wiesen, nochmals kurz durch Wald und schließlich wieder durch Wiesen nach Bachtel.
Wir orientieren uns immer am blauen Kreuz des „Schwäbisch-Allgäuer-Wanderwegs Augsburg–Sonthofen".
Durch Bachtel spazieren wir hindurch, biegen nach der Kirche nach links ab in Richtung „Maria Rain" und gehen abwärts zur Lohmühle.
Hier geht es nach rechts (wer direkt vom Wertachtal gekommen ist, biegt natürlich nach links ab) wieder kurz bergauf. Über Wiesen kommen wir nach Maria Rain.
Nach der Kirche geht es nach links hinab – vor dem Waldeintritt sehen wir einige Meter rechts das „Schwedenkreuz" – zur Wertach, wo wir den Fluss auf der schönen, gedeckten Holzbrücke überqueren, dahinter wandern wir geradeaus auf bekanntem Weg zurück.

Die gedeckte Holzbrücke überspannt die Wertach

37 WIDDUMER WEIHER

Widdumer Weiher (705 m)

Volumen	max. Tiefe	max. Länge	mittlere Breite	Oberfläche	Umfang	Einzugsgebiet	Wassererneuerung
0,20 hm³	4 m	1,18 km	0,12 km	14,6 ha	2,92 km	2,68 km²	9 Tage

Zeit: Rund 2 Std.

Höhenunterschied: Unwesentlich.

Länge: Rund 9 km.

Sonstiges: Die Wanderung führt über befestigte Feldwege und Sträßchen, stückweise auch auf unbefestigten Wegen.

Karte: 1:105 000, Freizeit Erlebnis Karte Allgäu, AVA Verlag, Kempten.

Diese Wanderung führt zum Widdumer Weiher, einem schönen kleinen See inmitten einer herrlichen Moorgegend mit vielen Birken, kleinen Hügeln ringsum und romantisch hohem Schilf. Als kunsthistorisches Kleinod gibt es am „Umkehrpunkt" Ried bei Ottackers die Pfarrkirche (siehe Nr. 31) und etwas hinter ihr die kleine Lojakapelle.

Der Widdumer Weiher liegt im Naturraum der Illervorberge in einem von Gletschern ausgeschürften Becken zwischen Molasserippen. Heute ist der See künstlich aufgestaut, nach der letzten Eiszeit lag hier aber ein natürlicher Stausee, der im Spät- und frühen Postglazial allmählich verlandete und vermoorte. Seine Fläche war, wie man anhand der heutigen Moore erkannte, den Strukturen der Molasserippen angepasst.

Der Weiher wurde bereits 1339 genannt, als Abt Burkhart vom Kemptner Kloster von dem Schenken Ritter Konrad von Sulzberg den Maierhof, die Vogtei, den Kirchplatz zu Martinszell, den „Weiher am Widdemen" und die Eigenrente des Verkäufers erwarb.

Er wurde 1415 als Klosterweiher erwähnt, 1519 eine Mühle am Weiher genannt. 1652 wurden die Fischermeister Zirg und Quirlin erwähnt, außerdem dass der Widdumer Weiher mit 800 Stück Fisch besetzt war und er im Herbst 1653 abgefischt werden sollte.

Zu Streitigkeiten kam es, weil, wie aus einer Anzeige des Müllers beim Kemptner Stift hervorgeht, die Anlieger zu weit ins Ufer gemäht hätten. 1751 wurde der Weiher vom Stift Kempten als Besetzungsweiher genutzt und das Stift gab einen offiziellen Brief zur weiteren Nutzung heraus. 1807 wurde der Weiher mit einer Gesamtfläche von 17 Jauchert und 105 Ruthen (8,044 Hektar) um 235 Gulden versteigert, 1836 wurde die Gesamtfläche mit 9,517 Hektar angegeben.

Bis 1979 wurde der Weiher alljährlich abgelassen und abgefischt, außerdem hat man die Schilfbestände am Ostufer aus Schilfsense und Gliedersense regelmäßig gemäht.

1968 wurde der Weiher ausgebaggert und die vier Halbinseln gestaltet. Seit

Widdumer Weiher (705 m)

1970 sind die Fischereirechte an den Eschacher Fischereiverein verpachtet. 1980 wurde das Wasser noch einmal abgelassen und der Weihergrund gekalkt. 1991 kaufte der Landesbund für Vogelschutz den Weiher.

Ausgangspunkt:
Häusern bei Martinszell.

Wegverlauf:
Kurz hinter Häusern, am Sträßchen nach Ried, geht nach rechts ein Pfad über die Wiese in Richtung „Widdumer Weiher".
Er bringt uns zu einem Feldweg, in den wir nach links einbiegen. Wir spazieren nun durch Wiesen und Waldstücke, entlang einer Art Trockental, später auf einem unbefestigten Pfad, bis nach etwa zwei Kilometern ein Wegweiser kommt.
Geradeaus ginge es nach „Kühbach", nach links zum „Widdumer Weiher". Nach links kommen wir vorerst zu einer Feuchtwiese mit Wasserflächen. Da-

Der Widdumer Weiher ist von Birken umstanden

hinter liegt der Widdumer Weiher. Wir kommen später wieder an diesen Punkt zurück, biegen aber nun erst nach rechts ab. Kurz darauf stoßen wir auf einen Querweg, der nach links nach „Ried" führt.

Etwas später sind wir auch schon in dem kleinen Weiler mit der markanten Kirche. Rechts hinter ihr liegt die Lojakapelle.

Anschließend spazieren wir auf dem Sträßchen nach Süden in Richtung Martinszell. Nach Moos sehen wir links den Widdumer Weiher und schlendern an ihm entlang. An seinem Ende zeigt nach links ein Wegweiser nach „Kühbach".

Wir folgen ihm zu dem kleinen Wäldchen, gehen dort nach rechts an der Fischerhütte vorbei, dann nach links auf die „hintere" Seite des Sees und an ihm und dem Waldstück entlang, bis wir nach rechts wieder zu der bekannten Feuchtwiese kommen.

Nun spazieren wir wieder auf dem bekannten Weg zurück.

Blick auf den Widdumer Weiher

38 ZIPFELSBACHWASSERFÄLLE

Zeit:	Rund 3–4 Std.
Höhenunterschied:	Rund 650 m.
Sonstiges:	Man geht auf Steigen, sollte also geeignetes Schuhwerk anhaben.
Einkehrmöglichkeit:	Zipfelsalpe.
Karte:	1:35 000, Zumstein Wanderkarte Nr. 3 Hindelang.
Literatur:	Zur Zipfelsalpe: Dr. Peter Nowotny: Wanderungen zu Allgäuer Alphütten. Kempten.

Der Zipfelsbach bildet drei Wasserfälle. Dieses Naturschauspiel wird unterschiedlich benannt: Zipfelsfälle, Zipfelsfallbach oder Zipfelsbachfälle, früher sogar noch Zipfelsstrudel! Die drei Fälle liegen in Stufen übereinander. Josef Buck fand 1856 zu den Wasserfällen die folgenden begeisterten Worte: „Nicht ferne von der Kirche stürzt über eine jähe Wand ein schöner Wasserfall, welchen der Zipfelsbach bildet; oft schwindet er zum schmalen Silberfaden, oft, wenn sich Hochgewitter in den Bergen abgelagert, rauscht er gewaltig und stürmt in weitem Bogen in's Thal hinaus durch Schutt und Geröll, das er mit herabgewälzt, der Osterach zueilend."

Wer die Fälle besucht, wird dadurch natürlich noch nicht „ausgelastet" sein, sondern möchte noch etwas mehr unternehmen. Man könnte beispielsweise weiter zur Zipfelsalpe aufsteigen, wer noch weiter will, besteigt den Iseler. Dieser 1876 Meter hohe Berg zählt zu den schönsten Aussichtsbergen um Hindelang. Auch der Bschießer oder der Ponten bieten sich an.

Ausgangspunkt:
Hinterstein oder Bruck.

Wegverlauf:
Wer in Hinterstein parkt, folgt hinter der Kirche den aufwärts weisenden

Schildern („Wasserfälle 15 Minuten, Iseler 3,5 Std., Zipfelsalpe 2,5 Std.").
Man kann aber schon vorher mit der Tour beginnen. Eine Parkmöglichkeit besteht nach Bruck am zweiten Haus der Allgäuer Kraftwerke gegenüber der Gedenkplatte für Prinzregent Luitpold. Von hier aus folgen wir den Schildern „Hinterstein". Weg 31 führt uns erst auf der Parkplatzseite kurz in Richtung Berg, dann müssen wir nach rechts abbiegen. Der Weg trifft wieder auf die Straße, kurz davor aber nehmen wir den nach links in Richtung „Iseler über Zipfelsalpe" abzweigenden Pfad.
Auf ihm kommen wir hinauf zum Waldrand, wo wir uns nach rechts zum Wasserfall orientieren. Ab nun steigt es steil an und wir berühren immer wieder den Zipfelsbach, der uns mit seinen Wasserfällen ein prächtiges Bild liefert. Nach einiger Zeit verlassen wir den Wald und wandern mit prächtiger Aussicht – man sollte auch einmal zurückschauen! – über eine Freifläche zur 1526 Meter hoch gelegenen Zipfelsalpe. Sie wird als Galtalpe genutzt. Hier gibt es Brotzeit und Getränke.
Wer noch weiterwandern möchte, dem bieten sich der Iseler (1876 m), der Bschießer (1999 m), für Konditionsstarke sogar der Ponten (2045 m) an.
Zurück gehen wir denselben Weg.

Notizen

Notizen

Notizen

Notizen

Notizen